3steps to bring Innovation
to your Company and
make you an Intorepreneur

あなたの会社にイノベーションを起こす

新事業開発スタートブック

河瀬 誠

日本実業出版社

はじめに

あなたの会社で新たな事業をつくろう

▶ 新事業をつくりたい

私はいろいろな会社で事業戦略をつくるお手伝いをしている。最近は「新しい事業をつくりたい」という相談が多い。

今やっている既存事業を拡大しようとしても、もう先は見えている。維持するのさえ難しいこともある。そんなとき、会社の存続を支えるのが「新事業」だ。

ところが、新事業に成功するのは、ほんの一握りだ。ほとんどの会社が、なかなか新事業をつくり出せずにいる。

これを何とかしたいというのが、この本を書いた動機だ。

▶ 新事業と既存事業は位置づけが180度違う

既存事業の拡大とは、いわば100を110にする仕事だ。それに対して、新事業をつくるのは、0から1をつくり、そして1を10にするような仕事だ。

会社が新事業をつくり出せない最大の理由は、新事業を「今までの経験でできるもの」と考えていることにある。

既存事業では今ある事業を守り、大きくすれば評価されるが、新事業に要求されるのは、「無から新しい事業をつくる」ことだ。

また、既存事業には「こうすればよい」という過去の知見や業界の常識がある。しかし、新事業とは「いったい、何をどうすればよいか」さえ、まだ誰もわからない世界なのだ。

既存事業を成功させる常識が、新事業を殺す。また、新事業を成功させる打ち手は、既存事業ではあまりに非常識で許されない、といったことが実に多いのだ。

既存事業も、もともとは会社の新事業として始まったはずだ。しかし、新事業をつくった世代の人達はすでに現役を退いている。今の経営陣の多くは、彼らが残した既存事業を守り大きくしてきた人たちだ。だから、既存事業を育てるのと同じ感覚で、新事業をつくろうとする。

これが失敗の最大の原因だ。

新事業と既存事業とは180度違う。まずは頭に叩き込んでほしい。

▶ あなたの会社で新しい事業をつくろう

新たなビジネスを起こすための本は、世の中にたくさん出ている。示唆に富んだ本も多い。しかし、それらの多くは、米国のベンチャー企業や今をときめく急成長企業を題材としたものだ。

それらの本で刺激を受けても、「じゃあ、自分の会社や自分の部門で、どのように新事業を立ち上げようか」と振り返ると、悩むことも多いはずだ。

「普通の会社」が新事業を考えるとき、まずは「何をするか」といったアイデアを出す段階から悩むことが多い。すでにある事業との関連性や、社内で担当する部門や人材配置、検討の進め方など、ベンチャー企業とは違った悩みもあるはずだ。

ところが、こういった「普通の会社」の悩みに丁寧に答えてくれる本は、意外と見当たらない。

だからこの本を書いたのだ。

普通の会社に勤める人が、今の会社で新事業をつくるときに、この本が助けになるはずだ。

「社内起業家（イントレプレナー）」を目指そう

▶ 社内起業家（イントレプレナー）が未来をつくる

新事業というと、ベンチャー企業とか起業家といった特別な人がつくるもので、自分には縁遠いと思っているかもしれない。

しかし、新事業をつくるために起業することはない。いやむしろ、一般的な普通の会社に勤めているあなたにこそ、新事業を考えてほしい。

日本ではこれまで、起業家（アントレプレナー）以上に、"フツーのサラリーマン"である「**社内起業家（イントレプレナー）**」が新事業をつくり出してきたからだ。

たとえば、自動車と通信という、ふたつの巨大産業をみてみよう。

自動車会社には本田宗一郎氏が起こしたホンダ、通信事業者には孫正義氏の率いるソフトバンクという、稀代の起業家がつくった会社がある。

一方、同じ業界には、トヨタやNTTドコモといった、前身となる会社を含めれば長い歴史を持つ会社もある。

歴史と伝統のあるトヨタは、ハイブリッドカーを世界で初めて実用化し、大きな事業に育てた会社だ。ドコモも（2000年頃は）iモードで世界の最先端を走った会社だ。

これらの例のように、起業家やベンチャー企業でなくても、ダイナミックに新事業を起こすことができる。そして、そういった会社で新事業の実現を支えてきたのが、「社内起業家」だ。

彼らは、マスコミ等の表舞台に立つことは少ない、いわばフツーのサラリーマンだ。そんな彼らこそが、大きなイノベーションを起こしたのだ。

また、ホンダやソフトバンクにしても、本田宗一郎氏や孫正義氏という起業家ひとりがイノベーションを起こしたわけではない。そのまわりにいた数多くのイントレプレナーたちが、新事業の実現を支えたのだ。

▶ **価値をつくり出す人になろう**

20世紀の世界では、決まったことを正確に実行することが、大きな価値を生んだ。品質管理やオペレーション能力を磨き続けた日本企業は、その中で躍進してきた。

しかし、21世紀には、言われたことを正しくきちんとやるだけの仕事は、どんどん価値をなくしていく。そのような仕事はロボットに奪われ、またそうした労働力は世界中から安価に調達できるようになる。

21世紀には、「新しい価値、新しい事業、新しい仕事」をつくり出せる人が、より求められるようになるのだ。

　もちろん、そんなことが最初からできる人はいない。「新しい事業を考え、つくる仕事にチャレンジする」ことで、学んでいくのだ。
　これを学ぶために、アントレプレナーとして独立起業するリスクを負う必要はない。今、働いている会社の中でイントレプレナーとして、新しい事業をつくる経験を重ねればよい。それに、独立して新天地でひとりで頑張るよりも、今は会社の技術や人材、そして何より会社のブランドや信用を活用するほうが、よほど大きなことができることが多い。
　このようなチャレンジを続けていれば、徐々に能力も高まるし、成功体験も積み重なっていく。
　あなたも、新しい価値をつくり出せる人となり、自分自身の未来を、そして未来の社会を明るくしていこう。

本書の読み方

▶ 新事業をつくるステップを身につけよう

　この本は、あなたが自分の会社で新事業をつくっていくために使う「新事業をつくるステップ」を説明する。

　このステップは、米国で起業の標準プロセスともいわれる「**リーンスタートアップ**」という考え方をベースにして、それを日本国内の普通の会社が活用できるように、いろいろな会社で試行錯誤しながら、つくってきたものだ。

　このステップは、業種や規模にかかわらず使うことができる。製造業も小売業も、不動産会社もコンサル会社も、ハイテク企業もローテク企業も、また売上数兆円の会社も、売上ゼロのベンチャー企業も、新事業をつくるステップはどこでもほぼ同じだ。

　また、技術系の会社でなくても使える。新事業とは、「顧客に今までにない新たな価値を提供すること」だ。そのためには、必ずしも新技術や画期的な新製品はいらないのだ。

　どんな会社でも、このステップを使えば、検討で迷路に迷いこむこともなくなり、新事業の成功確率も格段に高めることができるはずだ。

　本書の想定読者は、新事業に関連する人や、興味を持っている人すべてだ。

　もしもあなたが30代、40代なら、自分が中心となって新事業を進める立場で読めばよい。50代の方は新事業のマネジメントの視点から、20代の方は勉強のため、そして将来、大きな仕事をするために読んでほしい。

▶ 本書の構成

　本書は全部で6つのパートに分かれている。

　PART 1「新事業とイノベーションの授業」では、新事業および事業革新（イノベーション）の基礎を説明する。用語や背景を理解できたら、ざっと読み飛ばしてもよい。

　PART 2「新事業のつくり方」は大切なパートだ。具体的な検討を進めるために、押さえておくべきポイントを説明する。このパートはときどき読み返してほしい。

　続くPART 3〜PART 5は本書のメインとなる内容であり、新事業を生み出すステップとなるSTEP 1〜STEP 3について、それぞれ1パートを割いて丁寧に説明していく。

　最後のPART 6「新事業の実行と組織・人材」では、生み出された新事業を育てるための組織と人材について説明する。

　以上のように、この本は新事業をつくる3つのステップの進め方、また新事業を進める組織やプログラムの設計方法を丁寧に説明するものだ。

　その一方で、事業創造の理論や事例については、最小限の説明にとどめている。必要に応じて、巻末のブックガイドを参考に、理論や事例の情報を補っていただきたい。

　また本書では、新事業の検討を進めていく際の具体的なイメージを浮かべていただくために、4つの会社をケース（題材）として、彼らがステップごとにどのように検討を進めていくかを紹介する。

　この4社は、いずれも異業種交流スタイルでの「新事業創造研修」のクラスに参加した会社という設定だ。

　4社はそれぞれ、システム開発の「イントレ」、医療計測機器の「ツボタ技研」、食品製造の「いのべ食品」、住宅販売の「神亀（しんき）住販」という会社だ。検討のステップごとに、各社に検討内容を語ってもらう形で説明を進めていく。

　規模も業種も個性も違うこの4つの会社と登場人物、あなたもどれかの会社や人物に感情移入して読み進めていただけると幸いだ。

Contents

あなたの会社にイノベーションを起こす
新事業開発スタートブック

はじめに ……………………………………………………………………………… *001*
あなたの会社で新たな事業をつくろう　*001* ／「社内起業家」を目指そう　*002*
本書の読み方 ………………………………………………………………………… *005*

PART 1
新事業とイノベーションの授業

1-1　新事業の意義と位置づけ ……………………………………………… *012*
事業ポートフォリオで考える　*012* ／新事業という「問題児」を生み育てる　*016* ／
新事業の常識は既存事業の非常識　*017*

1-2　イノベーションと企業経営 ……………………………………………… *021*
イノベーションとは「つなげる」こと　*021* ／
製品・市場・生産・組織のイノベーション　*023* ／
破壊的イノベーションに備えよう　*024* ／
新興市場を開拓するリバース・イノベーション　*028* ／
オープン・イノベーションの時代　*029* ／異なる視線がイノベーションを生む　*031*

PART 2
新事業のつくり方

2-1　新事業をつくるステップと体制 ……………………………………… *036*
新事業をつくり育てる　*036* ／新事業の検討プログラムと実行組織　*039*

2-2　新事業をつくる「新常識」 ———————————————————————— 042
試行錯誤で答えを見つける　042／新事業は面白さを追求しろ　047／
マーケティングが必須　048／「ブルーオーシャン」を探せ！　050／
新事業で未来を先取りせよ　053／ビジョンを描き組織を動かす　055

2-3　新事業に失敗する11パターン ———————————————————————— 058

2-4　仮説のつくり方と検証の進め方 ———————————————————————— 066
調査の進め方　066／ヒアリングの進め方　067／創発的な議論をする　069／
創発的な議論を生む場のつくり方　071／（参考）技術経営について　074

PART 3
STEP1 事業テーマを選ぶ

3-1 STEP1-1　事業のアイデアを出す ———————————————————————— 078
事業アイデアと事業テーマ　078／ニーズとシーズを交錯させろ　080

3-2 STEP1-2　事業アイデアを区分けする ———————————————————————— 085
アイデアを3×3マトリクスにプロットする　085

3-3　STEP1の検討プログラム ———————————————————————— 090
1) アイデア創発プログラム　091／2) 事業化検討プロジェクト　092／
3) 事業創造プロジェクト（STEP1重視型）　092／
4) 事業創造プロジェクト（STEP2・3重視型）　093／5) 事業公募プログラム　094

ケーススタディ❶　検討テーマの決定（第2回目・検討会） ———————————————————————— 096

PART 4
STEP2 顧客と提供価値を定める

4-1　特定の「ひとり」に提供する価値を定める ———————————————————————— 106
WHOとWHAT、事業の基軸を定める　106／確実に買う「ひとり」を探れ　107／

あなたの商品を「必要とする人」を探せ　*112*

4-2 STEP2-1　市場を理解する *114*

4-3 STEP2-2　ペルソナを設定する *117*

4-4 STEP2-3　提供価値を定める *121*

提供価値≠商品　*121*／提供価値をMVPで「見える化」する　*123*／
(参考) 新しいツールの活用　*125*

4-5 STEP2-4　ピボットで仮説を方向転換する *127*

4-6 STEP2-5　事業規模を試算する *130*

ケーススタディ❷　企画案の発表・講評（第6回目・中間報告） *131*

PART 5
STEP3 事業計画をつくる

5-1 STEP3-1　ビジネスモデルを組み立てる *148*

マーケティングの4Pを考える　*148*／ビジネスモデルを組み立てる　*150*／
収益構造を確かめる　*153*

5-2 STEP3-2　ビジョンを描く *155*

5-3 STEP3-3　事業計画書にまとめる *158*

予算をつくる　*158*／投資と事業中止の基準を明示する　*160*／
実行担当部門と責任者を決める　*161*／事業計画書にまとめる　*162*

5-4 STEP3-4　事業化を判断する *165*

事業計画の審査　*165*／発表会を乗り切れ　*167*

ケーススタディ❸　事業計画の発表・講評（第9回目・最終報告） *169*

PART 6
新事業の実行と組織・人材

6-1 新事業の実行マネジメント …… 178
新事業の仮説検証PDCA　178／仮説検証PDCAのツール　179／
KPIによるマネジメント　181

6-2 新事業を実行する組織をつくる …… 184
新事業を実行する組織の設計　184／ブートレッキング（スカンクワーク）　186

6-3 新事業を支援する組織をつくる …… 189
アイデアを孵化させ育てる　189／新事業を育てる　190／新事業を守る　192

6-4 創造的（イノベーティブ）な会社とは？ …… 194
1）製品開発に顧客視点を入れる　194／2）アイデアを出し続ける　197／
3）究極のビジョンの追求　197／4）組織的ブートレッキング　198／
5）新事業への投資　200

6-5 新事業をつくる人材 …… 202
新事業では全員が「リーダー」　202／新事業に必要となるリーダー像　204／
リーダーを育てるのは経営者の責務　206

ケーススタディ❹　4社の新事業・5年後の姿 …… 208

BOOK GUIDE …… 213
新事業をつくるステップに関する本　213／新事業をつくる人と組織に関する本　214／
ベンチャー企業や起業に関する本　215／
イノベーションのことを理解するための本　215／
マーケティングや発想法などのスキルを身につけるための本　216

おわりに　新事業を志すあなたに …… 218

カバーデザイン◎西垂水敦（tobufune）
カバーイラスト◎越井隆
本文デザイン・ＤＴＰ◎ムーブ（新田由起子・徳永裕美）
本文イラスト◎小島サエキチ

PART 1
新事業とイノベーションの授業

そもそも、なぜ会社には新事業が必要なのか、「新事業」と「既存事業」の位置づけや性格の違いを明らかにしながら説明する。
また、新事業の本質である「イノベーション」と、それが経営に与えるインパクトを知ってもらいたい。
パート1は基礎知識だ。まずはここで新事業についての考え方や関連用語を理解しよう。

PART 1 新事業の意義と位置づけ

PART 2 新事業のつくり方

PART 3
STEP1
事業テーマを選ぶ
↓
事業テーマ

PART 4
STEP2
顧客と提供価値を定める
↓
企画案

PART 5
STEP3
事業計画をつくる
↓
事業化判断

PART 6 事業の実行と組織・人材

1-1 新事業の意義と位置づけ

事業ポートフォリオで考える

▶ 事業が生まれてから死ぬまで

　人に誕生から死に至る生涯があるのと同じく、事業にも誕生から死に至る生涯がある。これを「事業のライフサイクル」という。以下、順次みていこう（**図表01-01**）。

　1）人でいう誕生前の胎児に相当するのは、新事業が社内で正式に誕生する前の研究所で生まれた技術シーズ（種）や、営業担当などの頭の中にあるアイデアの段階だ。この段階を事業の「**構想期**」または「**胎児期**」という。

　2）生まれた赤ん坊は、しばらく子供の時期を過ごす。事業でいえば、新事業が正式に発足し、これからどう稼いでいこうかと試行錯誤をしていく段階だ。この段階が事業の「**導入期**」または「**子供期**」だ。

　3）子供が成長し、学校を卒業して社会に出ると、どんどん稼ぎはじめる。事業なら、成功の糸口を掴んで急成長する段階だ。これが「**成長期**」または「**青年期**」の事業だ。

　4）そして、その青年も急成長を終えて、安定して稼ぐ大人になる。事業なら「**成熟期**」または「**中年期**」の段階だ。大きな成長はないが、着実に利益を確保することが期待される。

　5）しかし、人がだんだん歳を取るように、事業もだんだん「**衰退期**」または「**老年期**」に入っていく。次世代の技術や製品が登場し、新たな競合も参入すると、売上が次第に減少し利益の確保も難しくなる。

　このような事業の生涯の寿命は業界により相当異なる。ＩＴ業界なら1

01-01 事業のライフサイクル

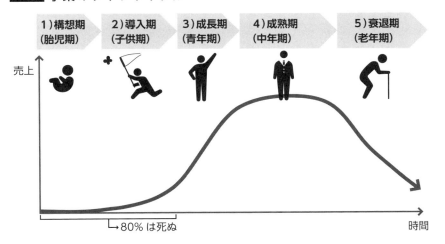

〜2年かもしれないし、電力や鉄道などのインフラ業界の事業ならば数十年という長寿になるだろう。

▶ 経営戦略の基本となる事業ポートフォリオ

「事業ポートフォリオ」という言葉を知っている方もいるだろう。

これは、縦軸に市場の成長率、横軸に市場シェアをとったグラフに、自社の持つ事業や商品をプロットするものだ。

事業や商品がグラフのどの領域にプロットされるかで、それらの位置づけが異なってくる。4分割されたそれぞれの領域には、「**問題児**」「**スター**」「**金の成る木**」「**負け犬**」という名前がついている（**図表01−02**）。

この事業ポートフォリオの位置づけは、前述した事業のライフサイクルに対応している。

このように、事業は誕生後、ポートフォリオ内の位置づけを変えながら、その生涯を終えていくのだ。

この事業ポートフォリオをどうマネジメントするかが、経営戦略を考える基本である。

01-02 事業ポートフォリオ

　たとえば、実際の企業のポートフォリオの変遷を、シャープの例で見てみよう（**図表01-03**）。

　1970年頃「電卓のシャープ」として一世を風靡したシャープは、その後はテレビや冷蔵庫といった事業を展開し、1999年頃には「AQUOSのシャープ」として急成長した。

　しかしその後は、AQOUSという当時の大スターに頼りきったまま、新たな事業を創造できなかったようだ。これが近年の同社の凋落の大きな原因だといえる。

01-03 シャープの事業ポートフォリオの変遷

※縦軸は市場成長率
横軸は市場シェア（相対値）

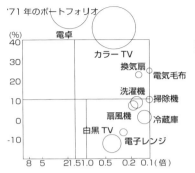

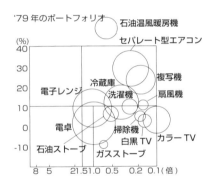

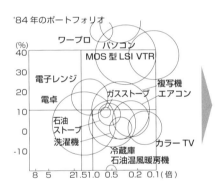

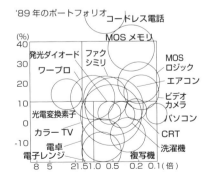

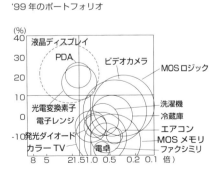

（出所）『最強の経営学』島田隆（講談社現代新書）より

新事業という「問題児」を生み育てる

　あなたの会社でも、現在のポートフォリオと、たとえばあなたが新入社員だった頃の昔のポートフォリオを描いてみるとよい。2つのポートフォリオを比較すると、相当違うはずだ。
　いまは稼ぐ「金の成る木」の事業も、昔は「問題児」の事業だったはずだ。いや、まだ「胎児」にもなっていなかったかもしれない。

　新事業をつくる仕事とは、新しい問題児を生み、問題児を新しい「スター」に育てる仕事にほかならない。問題児を生まないと、次に稼いでくれる金のなる木が出てこずに、「負け犬」ばかりになってしまう。

　しかし、この問題児は、その名のとおり育てるのが難しいのだ。
　まず、**子供の事業だから稼ぎは期待できない**。しかし、事業を育てるためには、（人でいう養育費や教育費に相当する）人件費や開発投資はそれなりにかかる。その費用を惜しむと、立派な青年に育たないかもしれない。
　そして、この問題児、**死亡率がとても高いのだ**。
　問題児の死亡率は、9割以上を覚悟する必要がある。青年にまで育つ子供は、10人に1人いないのだ。
　もちろん、この本で説明するステップを使えば、問題児の生存率を格段に高めることはできる。しかしそれでも、半数以上の問題児は青年にまで育たないはずだ。

▶ 大人が稼いでいるうちに子供を育てろ

　問題児の事業は赤字のうえに、失敗する確率も高い。もしも問題児を殺してしまえば、会社の収益は短期的には改善する。
　しかし、新事業とは会社の未来を支える事業だ。問題児を殺すことは、会社の将来を殺すことでもある。
　となれば、すべきことは明白だ。**大人の事業が稼いでいる間に、次の世代を担う問題児を育てるのだ**。そして、その子供が逞しい青年となり、立

派に稼げるようになったら、また次の世代を育てるのだ。そうやって、会社という一族は続いていくものだ。

問題児を育てるタイミングは、大人の事業が忙しく稼いでいるときだ。そんなときこそ、問題児を作るべきなのだ。大人の事業が稼げなくなってからでは、大人自身が自分の食い扶持を稼ぐことに必死になって、問題児を抱える余裕などなくなってしまう。

問題児を生み育てる以外にも、会社を継続的に存続させ、成長させる方法はある（**図表01－04**）。たとえば、結婚に相当する合併や、外に子供をつくる事業投資などだ。しかし、会社を存続させ継続的に大きくするためには、新事業という子供を生み続けることが基本となることには変わりない。

01-04　事業拡大の方法

区分			喩えてみると…
既存事業の拡大	顧客の拡大 （国内市場または海外市場）		大人にもっと稼いでもらう
	既存商品のカイゼン		
新事業開発	社内主体の変革	**自社事業の開発**	**子供を生んで育てる**
		他社事業の買収	養子をとって育てる
		既存事業のビジネスモデル転換	大人が自己改造する
		事業スピンオフ（カーブアウト）	
	主に社外を活用	外部企業との連携・買収	外で稼ぐ
		ベンチャー企業への投資	

新事業の常識は既存事業の非常識

▶ **大人はしっかり稼げ VS 子供はしっかり学べ**

大人の事業と子供の事業は、その位置づけが180度違う。

大人の既存事業は、会社という一家を養うために、しっかりと稼ぐのが仕事だ。それに対して、子供の新事業は、大きく育って将来の家族を養う

ために、しっかり学ぶことが仕事だ。

　子供の事業に、今すぐ稼ぐことは期待してはいけない。もちろんバイトで学費を稼ぐように、ある程度は稼いで家計を助けてほしいが、それで一家を養うことを期待してはいけない。

　もちろん、いつまでもスネかじりを許すわけではない。いい歳をして稼ぎもないのに、浪費ばかりされてはたまらない。あらかじめ養育費や養育期間の限度を決めて、それまでに自立できなかったら、厳しいかもしれないが、勘当して一家から追い出すしかない。

▶ オペレーション VS イノベーション

　大人の事業の本質は、すでにある「オペレーション」だ。オペレーションを回せば、利益が出てくる。仕事内容も担当する組織体制も明確だ。

　大人の仕事の基本は、マジメにオペレーションを回すことだ。「改善活動」「原価低減」「仕様変更」「営業開拓」といったオペレーションのカイゼン活動はするが、オペレーションを傷つけるようなリスクはできるだけ避けるのが正しい。

　それに対して、子供の事業の本質は「イノベーション」、つまり新たな事業創造だ。誰にも正解が見えないなか、リスクを取ってトライを続け、新たな道を探していくのだ。

　いわば、**子供の仕事の基本は「遊ぶこと、学ぶこと」**なのだ。いろいろな経験を重ねることで、将来の可能性を探っていくのだ。

　オペレーションとイノベーション、この２つの原理は対立する（図表01-05）。

　もちろん、既存事業にもイノベーション要素はあるし、新事業にもオペレーション要素はある。ここではあくまで対比として理解してほしい。

▶ ルールと管理 VS ビジョンと創造

　オペレーションを成功させるには「**ルールと管理**」が有効だ。

　オペレーションを回すルールを決めて、プロセスを数値的に管理し、安

01-05 イノベーションVSオペレーション

イノベーション		オペレーション
起業家・アイデアマン	人物イメージ	官僚・軍人
面白いこと	価値・動機	権力・カネになること
自分の美学・価値軸	こだわり	規則・形式・完璧
ビジョン指向、発想・自律	仕事の進め方	ルールに従う、指揮命令
長期・未来	時間的視野	短期・過去
加点法、チャレンジを評価	評価視点	減点法、リスクは大減点
学んで次に活かす	失敗したら？	次はやらない
思考力と実行力	基盤能力	知識と経験

定した成果を期待する。

　ルールは、明文化したマニュアルである場合もあるし、その都度の指示や命令の場合もある。いずれにせよ、オペレーション組織のもとでは、逸脱は基本許されない。もっと言うと、この組織のメンバーは、ものを考えない「歯車」でよい。決められたことをキチンとすれば、仕事は回る。

　それに対して、イノベーションの成功要因は、「**ビジョンと創造**」だ。

　新事業は、そもそも「何をやるか」が決まっていない。就業時間などの人事的なルールはともかく、業務内容をルールとして決めることはできない。

　新事業を動かす規範は、実現をめざす「**ビジョン**」だ。トップの指示を待っていては、組織全体が何も動かなくなる。メンバーが知恵とアイデアを出す「創造」を通じて、お互い協力してビジョンを目指して動くのだ。**管理は創造を殺す。管理でなく創造が必要だ。**

▶イノベーションとは「謀反」

　新事業のイノベーションは、既存事業のオペレーションの延長線上にはない。ときには、既存のオペレーションを否定し、破壊することもある。イノベーションとは、既存の体制に対する「謀反」ともいえる。

この「謀反」という言葉は、ある技術系巨大企業の研究開発担当役員から聞いた言葉だ。
　その方にお会いしたとき、彼は私にこう問うてきた。「新事業とは何だと思う？」　私が答えられないでいると、彼はこう呟いた。「新事業とは謀反だよ」
　彼は保守的とされる会社で研究開発部門のトップにまで上りつめた方だ。彼が実際に会社に対して反旗を翻したわけではない。しかし、その企業人生では今の仕事の進め方に対して、常に謀反を起こす気構えでいたそうだ。
　「そのくらいの気構えがないと、新事業は起こせないよ」と、しみじみと呟いた姿が忘れられない。

　そう、新事業の本質とは「謀反」だ。
　ぜひとも、今ある殻を破って、新たな事業を立ち上げて、新たな世界をつくる気構えで臨んでいただきたい。

1-2 イノベーションと企業経営

イノベーションとは「つなげる」こと

▶ シュンペーターの「新結合」

新事業とは「事業創造」、英語でいえば「イノベーション」だ。

このイノベーションという言葉は、およそ100年前にドイツの経済学者、ヨゼフ・シュンペーターがつくった言葉だ。**よく「技術革新」と訳されるが、元々の定義は違う。**

シュンペーターは、イノベーションを「経済活動の中で生産手段や資源やそして労働力などを、今までとは異なる仕方で**『新結合』すること**」だと定義した。

現在の我々は、「当時はたいした技術がなかったから『技術革新』に思い至らなかったのだろう」と考えるかもしれないが、そうではない。

シュンペーターの活躍した当時は、まさに技術革新の時代だった。鉄道の発達、自動車や航空機の誕生、鉄鋼業や化学工業の躍進、電灯の発明や電力の活用など、現代を越えるスピードで、日々新たな技術が誕生した。

そんな時代でもシュンペーターは、技術革新そのものでなく、新技術の「新結合」がイノベーションをつくると確信していたのだ。

「新事業＝新結合」、これはこの本を通底して流れるテーマだ。ぜひ頭に入れておいてほしい。

シュンペーター
(1883-1950)

「新結合」

▶ ジョブズの「点をつなげる」こと

とは言っても、シュンペーターは100年前の人だ。現代の人はイノベーションをどう語っているだろう。

現代で最もイノベーティブ（創造的）な人というと、アップルの創業者であるスティーブ・ジョブズを思い浮かべる人が多いだろう。

ジョブズは、Apple Ⅱという世界初のパーソナル・コンピュータをつくり、ピクサー社の社長として映画産業にコンピュータ・グラフィックスを持ち込み、アップルへの復帰後はiPodで音楽業界を革新し、そしてiPhoneで電話業界を再構築した。世界史に残るイノベーティブな人物だ。

スティーブ・ジョブズ
(1955-2011)

Connecting Dots

このジョブズが2005年にスタンフォード大学の卒業式で行なったスピーチを、ご存知の方もいるだろう。

このスピーチでジョブズは、創造性に関して「Connecting Dots」という言葉を使って、以下のように語った。

> 創造性とは、物事を結びつけることである。創造的な人にいかにして物事を成し遂げたかと尋ねたら、彼らは少々後ろめたさを覚えるだろう。というのも、彼らは自ら何かを創造したわけではなく、単に何かを見出しただけだからだ。ただし、その何かが明確に意識されるまで、しばらく時間を要する。自分自身の経験を結びつけ、新たな『何か』に統合する必要があるからだ。

ジョブズもシュンペーターも同じことを言っている。

イノベーションとは新結合、新たにものごとをつなげることなのだ。

▶ 新結合をつくっていこう

イノベーションを起こすためには、今までとは違った視点から、新しくものごとを「つなげて」見ることにトライしてみよう。

たとえば、自前ですべてをしようとせずに、他社とつなげることを考えてみる。今までの業界内の視点ではなく、自社と他業種の会社をつなげることを考えてみる。また企業社会にとどまらず、行政や社会とつなげることを考えてみる。日本という枠内にとどまらず、世界の他の地域や会社とつなげることを考えてみる。

それも、自社や自部門の短期的な利益といった狭く低い視点でなく、社会の理想の実現、また大きな歴史の流れといった広く高い視座から、新しいつながりを考えてみる。

そうして考えをめぐらせる中から、新結合が見えてくるはずだ。

製品・市場・生産・組織のイノベーション

ここでイノベーションの種類について説明しよう。

シュンペーターは、製品以外にも、市場、生産、組織という分野においてもイノベーションが起こると説明した。ここでは日本企業を代表して、トヨタとNTTドコモを例にとって、それぞれ見ていこう。

▶ 製品創出のイノベーション

いちばんわかりやすいイノベーションだろう。

トヨタなら、たとえば1997年に登場したプリウスが相当する。ハイブリッドという新たな技術で圧倒的な燃費改善を実現した。

ドコモなら、たとえば2001年のFOMAとともに登場したテレビ電話が思い当たる。ただし、テレビ電話は以前から「未来の夢」として大いに期待されていたわりに、市場には受け入れられなかった。これは技術革新が新事業の創造につながらなかった例のひとつといえる。

▶ 市場創造のイノベーション

市場創造では、たとえばドコモのiモードが相当する。

iモードは、技術的には必ずしも目新しくはなかったが、従来の通話するという携帯電話の使い方以外に、ニュースを見る、情報を検索する、買

い物をする、旅行の予約をする、写真を撮って送るといった、携帯電話の新しい使い方、新しい市場をつくり出した。iモードは、当時世界の情報通信産業の最先端を走っていた日本の代表的なイノベーションだ。

▶ 生産革新のイノベーション

生産革新では、まさにトヨタ生産方式が該当する。

トヨタ生産方式の登場前、最善の生産管理方式とは、すべての工程を完璧に計画し統制するものだとされた。しかし、この方法を実現するには精緻な情報統制が必要で、また途中の工程で遅れや不具合が発生するたびに、莫大な在庫や完成不良品を生み出していた。

それに対しトヨタは、「在庫がなくなると前工程に生産指示を出す」「工程で不良品が発生したらラインを止める」というシンプルな仕組みによって、生産性を圧倒的に改善した。

このトヨタ生産方式が、世界の工場を変えたといっても過言ではない。トヨタ生産方式は、日本の誇る偉大なイノベーションだ。

▶ 組織変革のイノベーション

シュンペーターは組織変革とは「産業の新しい組織の創出」と語った。たとえばドコモなら、iモードが相当する。

iモードの登場により、独自アプリを提供する会社や、そのためのソフトウェアを作る会社がたくさん誕生した。iモードの上に、新たな産業組織（エコシステム）が生まれたのだ。現在のスマートフォンのエコシステムを先取りしたイノベーションだといえる。

破壊的イノベーションに備えよう

▶ イノベーションは創造的破壊を伴う

シュンペーターは、イノベーションにより新たな効率的な方法が生み出されれば、古い非効率的な方法は駆逐されるという「**創造的破壊**」は不可欠であり、また持続的な経済発展のためには絶えず新たなイノベーション

で創造的破壊を行なうことが重要であると説いた。

　たとえばこの100年の間でも、動力の進化に伴って、鉄道の登場による馬車の衰退、自動車の大衆化による鉄道の衰退、飛行機の大衆化による長距離バスの衰退といった産業交代が起きてきた。

　さらに現代においては、とくに情報処理技術の進歩のスピードは、10年で価格性能比がおよそ1000倍になるほど早く、その破壊力も強大になっている（図表０１－０６）。

　ハーバード大学のクリステンセン教授が『イノベーションのジレンマ』玉田俊平太・監修、伊豆原弓・翻訳（翔泳社）で紹介した「**破壊的イノベーション**」とは、確固たる地位を築いてきた産業を、数年という短期間のうちに破壊し、消滅させるようなイノベーションのことだ。とくに、情報技術の世界では、今は誰もが普通に使っている技術の多くは、この10年く

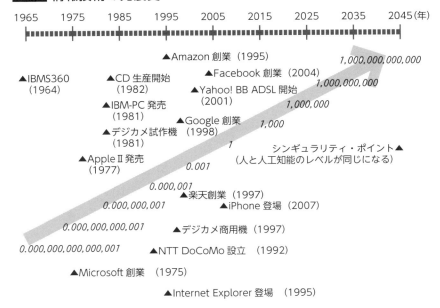

01-06 情報技術の発展史

※数値は情報技術の相対性能

らいで登場したものだ。これからも多くの会社が生まれて巨大化するだろうし、その裏で多くの会社が消えていくことだろう。

▶ 合理的な判断が自滅につながる

このような破壊的技術の津波に飲み込まれて消滅する会社は、傍から見れば愚かに見える。すでに顧客を持っている会社こそが、新たな技術を最大限に活用し、ベストな価値を提供できるはずだからだ。

しかし、現実はそうではない。新たに登場する破壊的技術は、登場当初はごく限られた用途にしか使えない「オモチャ」だからだ。

そんなオモチャをお客様に提供するわけにはいかない。現在のお客様の要望に応えていくには、既存の技術を改善して提供するのが、企業としての合理的な判断なのだ。

それに、そういった会社には既存技術を前提としたオペレーションや組織があり、関連会社や取引先もある。将来性があるとはいえ、オモチャのために、今あるオペレーションや組織を壊すわけにはいかない。

そのように既存の大企業が新しい技術への対応を見送っている間に、オモチャを担いだベンチャー企業などの新参者が、その技術の完成度を高め、気付いたら手遅れになってしまう。

▶ 新事業をつくり生きのびた富士フイルム

たとえば、デジカメの例を見てみよう。

デジカメは、従来の銀塩カメラに対する破壊的技術だ。

1997年にソニーが発表した世界最初の商用デジカメ（マビカ）は、30万画素、記録媒体は容量0.0014GB（ギガバイト）のフロッピーディスクという代物で、完成度の高かった当時の銀塩カメラに比べたら、まさにオモチャだった。

しかしその後、デジカメは急速に進歩し売上を増やし、ほぼ5年で銀塩カメラを駆逐していった。それに伴って、銀塩フィルムの市場は、たった10年でほぼ消滅した（**図表01－07**）。

その結果、米国を代表する歴史ある優良企業だったコダック社は、2012

01-07 デジカメの破壊的インパクト

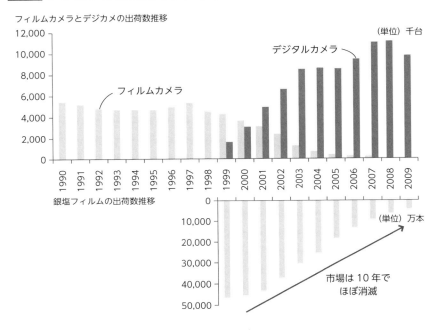

(出所) 早稲田大学IT戦略研究所 ワーキングペーパーより

年に破産した。コダックも早い段階でデジカメを研究していたが、このオモチャの脅威を軽視したのだ。

　コダック破産の一方で、日本の富士フイルムは生き残った。富士フイルムは、自社の事業内容を大幅に入れ替えたのだ。
　2000年の富士フイルムの売上は、銀塩フィルムと印画紙が6割を占めていた。2014年現在、その売上は全体の8％に過ぎない。デジカメ、化粧品、医療用機器、医薬品、プリンタといった新事業が会社を支え、売上高は1.8倍に成長している。
　これらの新事業は、銀塩フィルム事業が盤石な「金のなる木」だった頃には社内ではむしろ軽視されていた。デジカメという破壊的技術の脅威を直視した古森重隆社長（当時）が、2004年に構造改革に踏み切り、全社戦

略を新事業の育成に切り替え、研究者人材を既存事業から新事業へと大胆にシフトし、また総額7000億円かけて他社を買収し、成長させたのだ。

そして、既存事業の市場が消失したとき、急いで育てた新事業が、会社を消滅の危機から救い、さらなる成長をもたらしたのだ。

古森社長の危機感とリーダーシップがなければ、富士フイルムも現在は消滅していたかもしれない。まさに奇跡のような復活劇だ。

破壊的技術が会社を襲うとき、既存事業は守りきれない。その脅威を直視し、直ちに新事業を立ち上げておかないと、会社は消滅してしまう。

新興市場を開拓するリバース・イノベーション

▶新興国発のイノベーション

20世紀のイノベーションとは、欧米や日本といった先進国で起こるものだった。先進国市場に新たな製品が行きわたり、安価になったところで、ようやくその恩恵が後進国に広がるものだった。

しかし21世紀に入って、中国、東南アジア、インドといった新興国市場が拡大するにつれて、従来とは逆に、新興国から登場し先進国に普及する「**リバース・イノベーション**」の事例が数多く登場している。

リバース・イノベーションは、所得水準のまだ低い市場に合わせて、低価格の既存技術を組み合わせることに特色がある。倹約的なイノベーション（「フルーガル・イノベーション」）ともいわれる。

▶ＧＥ中国子会社の事例

リバース・イノベーションの代表例といえるのが、米国ＧＥ社の中国子会社が開発した安価な超音波診断器具だ。

先進国向けの従来の超音波診断装置は、専用機器で構成する3000万円もする大型で高価な精密機械だった。それまでこの装置は、おもに先進国の大病院の心臓内科や産婦人科の画像センターといった高度医療専門施設の精密機械専用の部屋に設置されていた。

中国のＧＥ子会社もその装置の販売を担当していたが、当時の貧しい中国で、こんな高価な装置が売れるはずがない。そこで、中国ＧＥでは測定センサーを汎用のノートパソコンにつなぐだけの、最小限必要な機能だけ持つ製品をつくりあげた。測定センサーだけなら片手で十分に持てる大きな鉛筆のような大きさだ。これをノートパソコンにつないで専用のソフトで画像を見るのだ。

　価格はおよそ200万円。機能は最小限だが、当座の役には十分立つし、これなら中国の病院でも買える。この製品は中国で大いに売れた。

　そしてこの製品は、米国にも逆輸入され、新たな市場を拓いたのだ。

　従来の超音波診断装置は、たとえば緊急医療室での子宮外妊娠の判断や事故現場での心臓血流の確認、また手術室での麻酔用カテーテルの位置決めなどといった、緊急事態に対処する必要のある現場では使えない。

　現場で使える小型の、そして常備品として備えておける安価な機械が求められており、新製品はまさにこうしたニーズに応えるものだったのだ。

　このように、新興国発の安価なリバース・イノベーションが、先進国にも新たな大きな市場を開き、先進国の製品を駆逐する可能性があるのだ。

オープン・イノベーションの時代

▶ 中央研究所からオープンなイノベーションに

　イノベーションというと、米国の月着陸ロケット計画（アポロ計画）を実施したNASA（米国航空宇宙局）のように、大学や巨大な研究機関で研究する天才たちがつくるもの、というイメージも根強い。

　コンピュータの世界でも、50年前の1964年にIBMが発表した大型計算機System360は、アポロ計画並みの巨費をかけて、IBMの中央研究所の天才たちが開発し、その後30年間、大型計算機の市場を独占した。

　この時代はたしかに、巨大な研究組織がイノベーションをリードした。なぜなら、当時は現在のように情報通信ネットワークが発達しておらず、専門的な頭脳を１か所の巨大な研究所に集めることが、知識やアイデアを

交換するためには最も効率的だったのだ。

　しかし、高度な情報通信環境が整い、知識を交換するために人が物理的に集まる必要がなくなった現在、中央研究所の優位性は薄れている。
　たとえば、同じコンピュータでも、現在、最も普及している基本ソフト（OS）であるLinuxは、世界中の開発者がオープンに協力してつくり上げたものだ。世界中の叡智がネットワークで交流しながら、非常に早いスピードで進化を続け、新たな生態系を広げている。
　このように、シリコンバレーでは、多数のベンチャーと大手企業とがオープンに連携して、プロジェクトを進めている。

▶ ビジネスでも活用領域が広がる

　最近話題になる「オープン・イノベーション」とは、このように企業が外部のアイデアを内部同様に活用し、また顧客へのアクセスも外部の力を活用するものだ。
　オープン・イノベーションを活用するのは、IT企業に限らない。たとえば、米国の一般消費財メーカーP＆Gは、商品開発に世界で100万人超の研究員とアイデア・技術交換する、「Connect ＋Develop」プログラムを活用している。
　その中でできた製品のひとつが、プリングルスのポテトチップの１枚１枚に絵や文章を印刷する「Pringles Prints」だ。
　この製品のアイデア自体、また使った印刷技術も、オープンなアイデア交換の中で生まれたものだ。この取り組みで、P＆Gは100品目以上の新製品を出し、開発期間やコストを大幅に削減した。
　日本企業の研究開発は、まだまだ自前主義が強いが、このような21世紀的なしくみも取り入れることを考えたい。

異なる視線がイノベーションを生む

▶ イノベーションには「外界の知」が必要

　イノベーション研究の世界的権威である一橋大学の野中郁次郎名誉教授は、名著『知識創造企業』（東洋経済新報社）の中で「イノベーションは、組織の周辺、つまり既存の組織にはない、他の組織や人や市場などの情報や知恵といった『外界の知』に触れるところで起きる」と述べている。

　前述のように、イノベーションとは新結合だ。今までにはなかった視点、変わった視点で物事を見ることが必要だ。そのためには、今の組織の中にある知が、組織の中にはない「外界の知」と触れ合う必要がある。

　会社の中にいると、本人には自覚がなくても、会社の「常識」に染まってしまい、視点が固定化されてしまうことは否めない。

　これは効率的なオペレーションのためには必要悪であるが、そんな人たちだけが集まって、どんなに雁首を揃えて悩んだところで、新たなイノベーションは生まれない。

　よく、組織にイノベーションをもたらす人は、組織の常識に染まっていない「よそもの・ばかもの・わかもの」だと言われる。

　外部の人、とくに顧客という外部者の視点、また組織の本流から少し外れた人の持つ異なる視点が、新事業の創造には必要なのだ。

▶ ダイバーシティは競争力になる

　「ダイバーシティ（多様性）」という言葉を聞いたことがあるだろう。

　日本だと、ダイバーシティは女性の活用といった人権的な意味で語られることが多い。しかし、米国企業がダイバーシティを推進するのは、イノベーションをより活発に起こし、競争力を強化することが目的だ。

　だから、女性の活用は当たり前として、人種や宗教、学生時代の専攻や職歴、性的指向など、さまざまな異なる視点を持つ、かつ知的に優れた個性が尊重される。彼らが異なる個性や異なる文化を衝突させながら、新たな視点を取り入れ、新結合をつくり出し、イノベーションを起こしていく

のだ。

▶ グーグルとジョブズの異なる視点の取り入れ方

異なる視点をイノベーションに活かす例として、グーグルとジョブズの例を紹介しよう。

「インターンシップ」という、2013年に制作されたコメディ映画がある。これはグーグルでの採用活動を描いた映画だ。

この映画は、インターンシップに参加を許された就職希望者が、チームを組んで課題を解いていき、優勝チームは全員グーグルに就職できる、という設定のもとストーリーが展開する。そして、能力的には平凡だが経歴も多様で、際立って個性的なメンバーの集まったチームが、自己中心的な天才が集まるチームを凌駕して、優勝を勝ち取るのだ。

映画の中では、チームメンバーが初めて会って起こる衝突や混乱から、次第にチームがひとつになっていく姿、そこから新たなアイデアが生まれ、解決策というイノベーションが起こる経緯が、活き活きと描かれていた。

このようにグーグルは映画までつくって、個性的かつチームワークのできる、ダイバーシティあふれる人材を求めているのだ。

また2000年頃、ジョブズが社長を務めるピクサー社は、ロサンゼルスに新本社を建築しようとしていた。

当初の建設計画では、3つのビルを建て、コンピュータ・グラフィックスのソフトウェアを開発する技術者、ストーリーを制作するアニメーター、経営管理部門が、それぞれ別のオフィスに入ることになっていた。しかし、ジョブズはこの計画を即座に否定した。

ジョブズの案にもとづき建設された新社屋は、中央に開放的なアトリウムを備える建物だ。そのアトリウムには、会議室や食堂・売店・郵便受けなどが集められ、社員は1日何回かはそこを通り、他の部門の社員と会話する。またアトリウムでは、頻繁にオープンパーティも開かれる。

ジョブズは、ピクサー社の最も重要な課題とは、コンピュータ・オタク

とアニメのクリエーターを互いに協力させることだと考えていたのだ。異なる文化を持つ者同士が共同作業するには、従業員同士の交流が必要であり、そのために人々が常におしゃべりができるような、オープンな空間をつくりたかったのだ。

下にジョブズの言葉を掲げる。

> 知が細分化する時代にあって、多様な分野の人々が互いに繋がったとき、つまり世界を異なる視点で見る目がひとつの問題に取り組むときにこそ、最高の創造は生まれる。

その通りだと思う。

ちなみに、アップルの創業者であるジョブズは、父親がシリア系で養子として育てられた。現社長のクック氏はゲイ、グーグルの創業者のひとりは旧ソ連生まれのユダヤ人という、いずれもマイノリティだ。このようなマイノリティを寛容に受け入れる組織こそが、イノベーションの先頭を走るのだ。

▶ オペレーションからイノベーションに、一歩を踏み出そう

鉄道運行の正確さやミスのない仕事ぶりを誇る日本は、世界に冠たるオペレーション国家だ。これは素晴らしいことだ。

その反面で、日本企業、いや日本という国全体が、1990年頃の日本企業や日本社会が一番元気だった時代のオペレーションの仕組みを固定化してしまったまま、なかなかイノベーションを生み出せていない傾向も否めないだろう。

オペレーションを遂行するには、日本人中年男性という均質な集団を一元的なルールで管理して、社外と交わらせることなく徹底的に頑張らせることが最も効率的だ。

しかし、これではなかなか新しいイノベーションは生まれない。

今までは高い価値を生んだ効率的なオペレーションも、経済や人材のグローバル化がさらに進み、知識社会へのシフトが進むなか、次第にその価

値を減少させていく。さらに、破壊的技術の登場や、経営環境の変化で、一瞬にして今あるオペレーションの価値がなくなる可能性も、十分にあるのだ。

　しかし、イノベーションができない言いわけを語っていても仕方ない。
　ダイバーシティに富み、ポートフォリオ・マネジメントに長ける米国企業や、試行錯誤を恐れないスピード感ある中国企業に比べて、ハンディがあることを承知しつつ、あなた自身が、あなたの会社で、イノベーションをつくっていくしかないのだ。
　オペレーションからイノベーションへ、新たな一歩を踏み出そう。

PART 2
新事業のつくり方

PART2では、新事業のつくり方の基本ステップを説明しよう。このパートは大切だ。PART3以降での各ステップの具体的な説明に入ってからも、PART2は折にふれて読みなおしてほしい。

ここではまず、新事業をつくる3つのステップと、そのステップを進める組織を説明する。そして、新事業をつくるにあたって押さえるべき「新しい常識」と、陥りやすい失敗のパターンを説明する。

そして、新事業をつくる仕事を進めるために必要となる調査やヒアリング方法、またクリエイティブに議論を進める方法も紹介する。

PART 1 新事業の意義と位置づけ

PART 2 新事業のつくり方		
PART 3 STEP1 事業テーマを選ぶ ↓ 事業テーマ	**PART 4** STEP2 顧客と提供価値を定める ↓ 企画案	**PART 5** STEP3 事業計画をつくる ↓ 事業化判断

PART 6 事業の実行と組織・人材

2-1 新事業をつくるステップと体制

新事業をつくり育てる

▶ 新事業をつくる3つのステップ

新事業は、以下の3つのステップの検討を通じてつくっていく（**図表02-01**）。

STEP1：事業テーマを選ぶ
STEP2：顧客と提供価値を定める
STEP3：事業計画をつくる

02-01 新事業をつくる3ステップ

STEP 1：事業テーマを選ぶ	STEP 2：顧客と提供価値を定める	STEP 3：事業計画をつくる
1-1：事業アイデアを出す 1-2：事業アイデアを区分けする ↓ 事業テーマ	2-1：市場を理解する 2-2：ペルソナを設定する 2-3：提供価値を定める 2-4：ピボットする 2-5：事業規模を試算する ↓ 企画案	3-1：ビジネスモデルを組み立てる 3-2：ビジョンを描く 3-3：事業計画書にまとめる 3-3：事業化を判断する ↓ 事業化判断

この3つのステップは、PART1で説明した事業の「胎児期」の検討にあたる。このステップでつくる「事業計画」が承認されてはじめて、新事業という「問題児」が誕生するのだ。

以下、それぞれのステップをもう少し見てみよう。

▶ STEP 1　事業テーマを選ぶ（WHERE）

まずは、どこの事業領域やテーマ（WHERE）で新事業を考えるか、という質問に答えるステップだ。新事業として考えうるたくさんの事業アイデアを出して、その中から、検討する**「事業テーマ」**をアウトプットとして選んでいく。

ただし、テーマが指定されたうえで新事業を検討する場合、またテーマを明確にして起業したベンチャー企業では、このステップは不要だ。

▶ STEP 2　顧客と提供価値を定める（WHO＆WHAT）

「誰に（WHO）、何を（WHAT）売るか」が、事業の基軸だ。

このステップでは、このWHOに相当する顧客と、WHATに相当する提供価値を定める、新事業の検討で一番大事なステップだ。

このステップは試行錯誤の連続だ。検討時間も予想以上にかかるはずだ。しかし、このステップで「誰に何を売るか」がしっかり定まれば、続く検討はとてもスムーズになる。

このステップのアウトプットは**「企画案」**だ。新事業の基軸である顧客と提供価値を、企画案にクリアに示すのだ。

▶ STEP 3　事業計画をつくる（HOW）

経営陣が事業を実行するか否か、意思決定の判断材料となるのが事業計画だ。その**「事業計画」**をアウトプットとしてつくるのがSTEP3だ。

事業計画書の中には、収益を上げる仕組みである「ビジネスモデル」や、新事業の「実行組織」「予算」などが含まれる。このステップで、具体的にどのように事業を進めるか（HOW）という問いに答えるのだ。

このSTEP 3で事業計画が承認されてはじめて、新事業という新しい「問題児」が誕生する。

もっとも、すべての事業計画が承認されるわけではない。事業化が否定されることも多い。それは、残念だが仕方がないことだ。

▶ 新事業を実行し育てる

新事業が生まれたら、あとは実行し、育てるだけだ。

新事業を実行する基本となるのがPDCA（PLAN → DO → CHECK → ACTION）だ。しかし、同じPDCAでも既存事業とはひと味違う「**仮説検証型のPDCA**」を使う。

このステップのアウトプットは「新事業の成功」だ。せっかく生まれた「問題児」を立派な青年である「スター」に育てよう。

▶ ステップは出戻りOK

この3つのステップの検討に必要な期間はさまざまだ。「スピード命」のネット系ビジネスなら1〜2か月で駆け抜けなければならないかもしれないし、新たな技術開発や実証実験が必要な場合は、数年かかるかもしれない。

いずれにせよ、この新事業をつくるステップは、必ずしもスムーズに進められるわけではない。

STEP3で収益が上がるビジネスモデルを考えつかなかったら、STEP2に戻って想定顧客と提供価値を変えなければならない。また、STEP2で顧客にアピールする価値が設計できなかったら、STEP1に戻って新たなテーマを選び直さなければならない。

後戻りを恥じることはない。

検討当初はそこまでわからないのだから、仕方ない。

むしろ、一度決めた方針を変えられないまま、事業化に突き進むと、確実に失敗する。そのほうがよほど怖いのだ。

新事業の検討プログラムと実行組織

▶ STEP1〜3はプログラム主体、実行は組織主体で

新事業を検討する段階では、検討会(ワークショップ)や、プロジェクトといった一時的なプログラムとして実行することがほとんどだろう。

場合によっては、「新事業推進室」といった新たな部門が置かれることもあるが、この場合もある特定の事業テーマひとつだけを検討するわけでなく、複数の事業テーマの検討をサポートするために置かれることが多い。

そして、この一連の検討が終わり、新事業が正式に承認されて、はじめてその事業の実行主体となる、ある程度固定的な組織が必要となる。

検討プログラムや実行組織のパターンは以下のようになる(**図表02-02**)。

02-02 新事業の検討プログラムと実行組織

検討プログラム			実行組織
STEP1	STEP2	STEP3	
		STEP3 最後に事業化判断▲	
1) アイデア創出プログラム	-------→		独立
	2) 事業化検討プロジェクト		本部直轄
3) 事業創造プロジェクト	(STEP1 重視型)		事業部の中
			バーチャル組織
4) 事業創造プロジェクト(STEP2・3重視型)			スカンクワーク
5) 事業公募プログラム	一次審査通過案件は STEP2 に進む →		
		外部より買収(スコープ外)	
新事業支援組織 または、本社・事業部内の事務局			暫定的に支援組織内プロジェクトとして育成

▶ 検討プログラムの5つのパターン

　新事業の検討プログラムは、プロジェクトの専任メンバーが指名されることもあるが、他に本業を持つメンバーが兼務で指名されてチームをつくる場合が多い。また、研修スタイルで検討を進める場合もある。

　この新事業の検討プログラムは、大きく以下の5つのパターンがある。

1）アイデア創発プログラム

　STEP1のみを実施するプログラムだ。たとえば、アイデアカフェ、アイデアコンテストといったものが相当する。

　これらのプログラムは、実際の新事業のアイデアを得ることを目的とするよりも、若手の教育プログラムのひとつとして行なわれることが多い。

2）事業化検討プロジェクト

　検討する事業テーマはすでに決まっていて、その事業化の検討、つまりSTEP2とSTEP3のみを検討するプログラムだ。事業化の妥当性を判断する「**フィージビリティ・スタディ**」とする場合もあれば、担当する部門も担当者もすでに決まっていて、その組織が自らの事業計画をつくるプログラムとする場合もある。

3）事業創造プロジェクト（STEP1重視型）

　事業化の可能性のある技術シーズや事業アイデアをまず徹底的に洗い出し、そこから実際に事業化に向けて検討するテーマを選び出すステップを重視するプログラムだ。そこで選んだテーマは、実際の事業化に向けた検討を進めていく。研究所や事業部門が自分たちのシーズを棚卸しするときなどに実施する、最も本格的なプログラムだ。

4）事業創造プロジェクト（STEP2・3重視型）

　事業創造の目的は同じだが、あまりテーマ設定に時間をかけずに、事業化の実質的な検討に注力するプログラムだ。研修スタイルで実施することも多い。手軽な割に実現可能性の高い事業計画ができることも多く、また参加者も新事業をつくる力を身につけることができる。最も多く実行されるプログラムといえる。

5）事業公募プログラム

社員から広く事業アイデアを集め、それを審査するプログラムだ。審査を通過したアイデアは、本格的に事業化に向けて検討を進めていく。

　これらのプログラムの進め方は、各パートの解説の中で説明する。
　そのほかに、本書では説明しないが、ベンチャー企業など外部の会社を買収し、彼らの事業を取り込み拡大するパターンもある。
　また、これら検討プログラムを支援するために「新事業推進室」といった新たな組織を置くことも多い。これについてはPART 6で説明する。

▶ 新事業をつくり、実行する組織

　承認された新事業が正式にスタートした場合、その実行を担当する組織にもいろいろなパターンがある（図表02-02）。
　たとえば、「**コーポレート・ベンチャー**」などといった会社から独立した事業体とする、本社直轄の新組織として実行する、既存の事業部の中で実行する、バーチャルな組織として実行する、といったものだ。また正式な組織や事業とせずに、ゲリラ的に実行する「**ブートレッキング**」（「スカンクワーク」ともいう）といったものもある。
　これらは詳しくはPART6で説明する。

2-2 新事業をつくる「新常識」

試行錯誤で答えを見つける

▶ 新事業は一寸先が見えない

既存事業には、すでに確立したオペレーションがある。事業戦略をつくるにも、そのオペレーションを前提に、顧客拡大やマーケティング戦略、また業務カイゼンやコスト削減を考えていくことになる。

それに対し、新事業をつくるには、「そもそも何をするか」から答えを見つけていかなければならない。そして、提供価値やビジネスモデルを考えても、それが正しいのか間違っているのか、本当のところはやってみるまでわからない。

いわば、既存事業が、岩場はあるが見晴らしのよい海を航海するのに対し、新事業とは、濃霧で覆われて先がまったく見通せない海を突っ走るようなものだ。方位磁石で進むべき方向はわかるが、レーダーは効かない。目の前にある大きな岩も見えないのだ。

だからといって、濃霧が晴れる季節まで待つことはできない。その頃には、他の船もすでにたくさん出港している。濃霧の中、自分で海図をつくりながら、手探りで航海していくしかないのだ。

▶ 失敗の果てに、答えを見つける

新事業には、こうすれば確実に成功するという答えはない。仮に答えがあったとしても、はじめのうちはわからない。

いろいろな方法を試してみて、そのうちのどれかひとつでも当たれば、それが答えなのだ。

たとえば、成功率1割で、9割方は失敗する施策があったとしよう。既

存事業なら、こんなリスクの大きな施策にトライするのは馬鹿げている。

しかし、新事業ではチャレンジするのだ。成功率１％なら、100回チャレンジすればよい。99回失敗しても、最後に1回当たれば、それは成功なのだ。

そもそも新事業は、簡単に成功するわけがない。**新事業が成功しないのは、基本は失敗が足りないのだ。**

▶ 仮説をつくって、試して、直して、また試す

新事業の検討とは、失敗覚悟でトライをして、そこから新たな知見を得て、また新たなトライをする、ということの繰り返しだ。この試行錯誤を「仮説検証」という。

この仮説検証こそが、新事業の基本だ。

ここでいう「仮説」とは、文字どおり「仮の説」だ。

たとえば、「この顧客には売れるのではないか」「こう宣伝すれば顧客にアピールするのではないか」「１個○万円なら売れるのでは」「××社と販売契約を結ぶべきだ」などといったものだ。

仮説をつくっても、それが正しいかどうかはわからない。つくった当人がどんなに確信を持っていても、あてにはならない。

いろいろな仮説をつくって、想定する顧客にヒアリングしたり、パートナー候補に打診したりして、その仮説を確かめなければならない。そして、間違っていたら直すという「検証」作業が必要だ。

そうやって、たくさんの仮説をつくって検証しながら、実現できる道を探っていく。これが新事業をつくっていく基本姿勢だ。

▶ 新事業では市場データ分析が通用しない

この仮説検証という方法には、違和感を持つ人も多いだろう。

もう少し調べて、データを揃えてしっかり分析して、最初から答えを出せばよいはずだ、と思うわけだ。

たしかに、過去の知見も豊富にあり、市場データも取りやすい既存事業

なら、データ分析により最初から正しい答えが見えるかもしれない。

　しかし、新事業とは前例のないチャレンジなのだ。もしかしたら、自分が世界で最初のチャレンジャーかもしれない。市場データが、そもそも無いのだ。

　また、論理で詰めて「こうに違いない」と推論しても、実際にトライしてみると、いとも簡単に覆されることが多い。

　実際に新事業をつくる体験をすると、自分の思考がいかに「脳内妄想」であって、現実と乖離しているかを、痛切に感じるはずだ。

　また、仮に関連データが豊富にあるとしても、そこからは新事業はつくれない。データがあると「今はどうなっているか？」という質問には答えることができる。しかし、データをいくら分析しても、「私は何をすべきか？」という質問の答えは得られないのだ。

　もちろん考えることは大事だ。無鉄砲ではいけない。しかし、考えてもわからないことは、現実の世界で試してみるしかないのだ。

▶ 仮説検証という方法が、いちばん簡単で効率的

　仮説検証については、ボストンコンサルティンググループ元社長である、早稲田大学の内田和成教授は、著書『仮説思考』（東洋経済新報社）の中で、次のように述べている。

> 一般的には耳慣れない言葉かもしれないが、コンサルタントの世界ではごく当たり前に「仮説」という言葉を使う。ディスカッションをする際には、「きみの仮説は何だ」「私の仮説は○○です」というやりとりが飛び交っている（中略）。
> 仮説思考を実践すると、不思議なことに、仕事がスムーズに進むようになり、同時に仕事の正確性も増した。情報を闇雲に集めると、仕事を遅くすることはあっても、正確性が増すことは少ないと気づいた。情報洪水に埋もれてしまっていたのである。

コンサルタントは、必ず仮説検証を使って検討を進めていく。なぜなら、それが一番簡単でスピーディ、かつ役に立つ方法だからだ。

あなたも、仮説検証の方法を使って新事業をつくっていこう。

▶ まずは30点の仮説から始めよう

新事業の出発点は仮説をつくることだ。

しかし実際のところ、新事業の検討プログラムで私が「仮説をつくってください」と伝えても、なかなかつくってくれない。それも、頭が良い会社、優秀な人が多い会社ほど、仮説をつくれない傾向がある。

なぜかというと、頭のよい人ほど、最初から「完成度の高い、正しい仮説」をつくろうとするのだ。だから、仮説をちょっと思いついても、「間違っているかもしれない」「確かな情報がない」などというところで、思考を止めてしまうのだ。

しかし、そもそも仮説とは間違っていてよいのだ。

最初は、30点の仮説でもよい。まずはとにかくつくろう。

さすがに30点だと自分でも粗が見えるので、いろいろ直したくなる。直せば、40点くらいにはなるだろう。そうしたら、最初は恐る恐るかもしれないが、想定顧客などにヒアリングしてみる。

おそらく最初の仮説は、見事なまでに間違っている。真剣な議論を積み重ねてつくった仮説も、顧客に確かめると、完膚無きまでに叩き潰されることも多い。

しかし、それでよいのだ。その間違いから学べば、次にはもっとよい、50点の仮説をつくることができる。

そしてだんだんと、60点、65点と、仮説のレベルが上がっていく。仮説の出来が70点にもなれば、実際のビジネスでも通用する。実際のビジネスの中で仮説をさらに高めていき、75点、80点としていけば、新事業の成功は間違いない。

そもそも、100点満点のビジネスなど存在しない。それを、最初から100点の仮説を狙っても、何も出てこない。それでは、いつまでたっても0点

のままだ。下手をすると、最後に時間切れになり、脳内妄想でつくった35点くらいの仮説で事業計画をつくってしまう。それは、最悪の失敗パターンだ。

だから、**まずは30点の仮説をつくろう。**

▶ リーンスタートアップが基本

この仮説検証で新事業をつくる方法を、起業家向けに表現したのが「リーンスタートアップ」だといえる。

リーンスタートアップは、2011年に米国シリコンバレーの起業家エリック・リース氏が、トヨタ生産方式にインスパイアされて提唱した、起業のバイブルともいうべき方法論だ。

リーンスタートアップは、起業の成功確率を高めるために、仮説検証のサイクルを短く、かつ数多く回すことを提唱している（図表02−03）。

下の図表に示すように、従来の事業開発では、市場調査に基づき最初から大規模に商品開発をして、商品を生産する。生産した商品を、これまた大きな販売経費をかけて販売するのだ。

それに対して、リーンスタートアップは、実際の顧客を相手に小規模に仮説検証を繰り返し、それを通して商品・サービスを練り上げ、売上の増加に見合った形で開発・販売投資を本格化していく。

02-03 リーンスタートアップでの開発の流れ

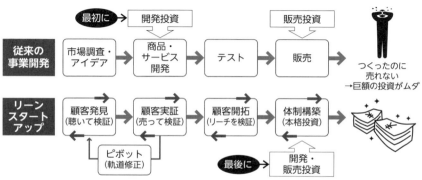

リーンスタートアップでは、仮説検証の結果、商品の設計やビジネスモデルを軌道修正することを「**ピボット**」とよんでいる。ピボットとは、片足を軸に体を回転させる動作だ。方向転換しながら、仮説を大胆に変更・進化させていくイメージを、うまく表現している言葉だ。

　本書で説明するステップの進め方も、このリーンスタートアップの考え方を全面的に取り入れている。

新事業は面白さを追求しろ

▶「ワクワク感」が、新事業をドライブする

　新事業のベースにあるものは、「**面白い！**」「**楽しい！**」「**嬉しい！**」といったワクワクする感情だ。

　これはたとえば、「これは、世界を変える！」「世の中になかった新しいものだ！」「これは売れそうだ！」「俺なら絶対買う！」といった新事業でお客を喜ばせ、社会に貢献するという感情だ。

　既存事業の感覚だと、「ワクワクする感情」には違和感があるだろう。「仕事なのだから、面白いも面白くないも関係ない、真面目に言われたことをやれ！」と怒る人もいるかもしれない。

　既存事業とは、決まったオペレーションを回す仕事だ。だから、ニコリともせずに真面目に仕事をするほうが効率的かもしれない。

　それに対して新事業では、この「面白い」という言葉のなかに、事業の成功要素が入っているのだ。

▶顧客からみた「面白さ」、自社からみた「面白さ」

　新事業の成功には、顧客から「これは面白い」「これは欲しい」「自分や社会の役に立つ」と思ってもらえることが必要だ。

　顧客からみた「面白さ」とは、製品・サービスの競争力ともいえる。この「面白さ」があるからこそ、顧客はお金を出して、あなたの商品を買う

のだ。

　逆に顧客から「面白くない」と思われる新事業は、どんなに新しい技術やビジネスモデルを取り入れたところで、成功しない。

　また、自社の立場からみた新事業の面白さとは、大きな市場、高い収益性や成長率、新しい顧客や市場の開拓、これならチャレンジすれば自社でも実現できそう、といったものだ。つまり、事業が成功・成長する可能性だ。

　このように、面白い事業ほど、事業の魅力が大きく、また成功確率も高いものなのだ。

▶「面白さ」が人を巻き込み、動かす

　新事業はひとりではつくれない。新事業に共鳴し、共感し、協力してくれる人が必要だ。

　新事業をつくるのは、とても苦しいプロセスだ。先はなかなか見えないし、成功するかもわからない。お金も時間も限られる。落とし穴はたくさんある。

　既存事業を担当しているほうが圧倒的に楽なのだ。業務命令をいくら出して協力を要請したところで、その新事業を面白いと思わない人達は、理由をつけてさっさと離れていく。最初は協力的だった人も、途中からどんどん冷たくなっていく。

　新事業は、核となる数名のメンバーが本気で努力しないと、絶対につくれない。そんな状況でメンバーが何とか頑張ろうと思うのは、彼らが新事業を「面白い」と思うからにほかならない。

　いかに苦しくても「面白い」と思うからこそ、他の人を巻き込み、メンバーを動かし、苦しい状況を切り抜けることができるのだ。

　新事業は「面白く」なければ成功しないのだ。

マーケティングが必須

▶イノベーションとマーケティングは事業の両輪

高名な経営学者のドラッカーは、企業の目的を「顧客の創造」とし、それを実現する基本的な機能とは、「イノベーション」と「マーケティング」であると説いた。

　イノベーションで新たな価値をつくり、マーケティングでその新たな価値を新たな顧客に届けるのだ。新たな事業をつくるには、顧客を特定し、理解し、顧客に提案し、届けるという、一連のマーケティング活動は欠かせない。

　ところで、このマーケティングという言葉は、販売（セールス）とよく混同される。マーケティングとは、売れない商品を売るための方便だと、誤解している人も多い。

　しかし、販売戦略とは、マーケティングのごく一部でしかない。また、売れない商品をつくるのは、まさにマーケティング戦略がないために起きる悲劇だ。

▶ マーケティング・ファースト

　新事業を考えるとき、よく「プロダクト・アウト」か「マーケット・イン」かどちらで考えるべきかという質問が出る。

　往々にして技術系企業は「プロダクト・アウト」をしがちだ。製品をつくってしまってから、それをどう売ろうかと考えてしまうのだ。「マーケティング部門、何とかしろ！」というわけだ。

　つくった側は、技術的に優れた製品だから、絶対に売れるはずと確信している。しかし、そこには「それが買い手である顧客にとって、本当に嬉しいもの、本当に欲しいものなのか」という視点はない。

　「プロダクト・アウト」では、売れるほうが不思議だ。

　商品をつくる前に、まず顧客を理解して、そのニーズに応える製品を提供するほうがずっと効果的だ。

　では、市場のニーズを満足させればよいかというと、それも違う。

　次の節で具体例を示すが、顧客は、まだ存在しない新製品や新サービスを評価できないのだ。

02-04 正しいアプローチはマーケティング・ファースト

プロダクト・アウト

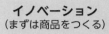

マーケティング・ファースト

　顧客の言うとおりに商品をつくるだけでは、ただの「御用聞き」や「下請け」でしかない。新たなイノベーションを起こすには、顧客のニーズを想定し、新たな価値を提供していくのだ。

　だから、単純なマーケット・インでもなく、むしろ「**マーケティング・ファースト**」というのが正しいアプローチだ（**図表02－04**）。

　そして、「マーケティング・ファースト」でつくる新しい価値とは、次で説明する「ブルーオーシャン」なのだ。

「ブルーオーシャン」を探せ！

▶ **新事業はブルーオーシャンから生まれる**

　「ブルーオーシャン」という言葉を聞いたことがあるかもしれない。

　既存事業の多くは「レッドオーシャン」の中で競争している。ここには（顧客に相当する）餌のプランクトンは多いが、（競合に相当する）他の魚

も多くて、生存競争がとても厳しい。ときには（利益に相当する）酸素が不足し、赤潮も発生する。こんな海の中では、毎日毎日を生き延びるのも大変だ。

　それに対して、ブルーオーシャンは、新しく見つけた、他の魚がまだいない青い海だ（**図表02－05**）。ここなら酸素もたっぷりで、高い利益も期待できる。

　新事業をつくることとは、他の魚がいない新しい海「ブルーオーシャン」を探し求めることに、ほかならない。

▶ソニーのウォークマンの例

　ブルーオーシャンの事例で必ず出てくるのが、1978年に発売されたソニーのウォークマンだ。

　ウォークマンの登場前には、ラジカセという商品があった。ラジカセは持ち運びはできるものの大きくて重く、外に持ち出すのはひと苦労するも

02-05 レッドオーシャンからブルーオーシャンへ

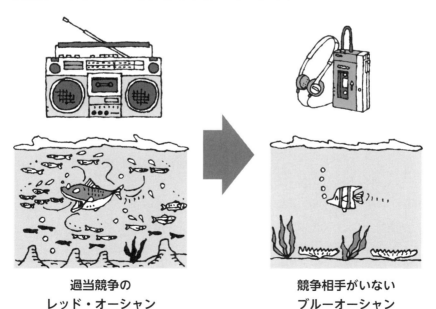

過当競争の　　　　　　　　　　　競争相手がいない
レッド・オーシャン　　　　　　　ブルーオーシャン

のだった。それに対して、ウォークマンなら手軽に外で音楽を聴くことができる。発売と同時にウォークマンは大ヒット商品となり、ソニーの利益に大きく貢献した。

　ウォークマンの大成功を知っている我々には、ウォークマンの成功など、あらかじめわかっていたはずだと思える。

　しかし、ソニーはウォークマンの販売に躊躇した。なぜなら、ソニーが事前に実施した10回近い市場調査では、すべて「ウォークマンは売れない」と結論が出たからだ。

　ラジカセとウォークマンを比較してみよう。

　ラジカセは、録音・再生する音楽の質、調整機能の多さといった性能・機能で、各社が勝負していた。大きくて立派な高機能モデルほど人気があったのだ。

　その視点から見ると、ウォークマンは、音質も良くなく調整機能もほとんどない、スピーカーもない、録音もできない、魅力に乏しい製品だった。

　アンケート調査に答えた人達は、今まで外で手軽に音楽を聴く経験などないのだから、そんな使い方（「**ユースケース**」という）が想像できるわけがなかったのだ。

　しかし、ウォークマンが「外で音楽を聴く」という新しい価値を提供すると、そんな使い方があることに気づいた世界中の若者が、みんなウォークマンに飛びついたのだ。

　ブルーオーシャンは、誰かがそこにあると気づくまで、誰にも見えないものなのだ。

▶ **ブルーオーションはすぐ隣にある**

　こういったブルーオーシャンの話をすると、「でも、ウォークマンは大ヒット商品だ。そんな大ヒットはわが社では無理だよなー」と思うかもしれない。それが自然な反応だ。

　しかし、新事業をつくることは、ブルーオーシャンを探し求める旅なのだ。そして、それは本気で探し始めると、意外と簡単に見つかる。

たしかに、オーシャン（大洋）というほど、広大な市場を発見することはめったにない。しかし、「ブルーレーク（湖）」とか「ブルーポンド（池）」といったものは、意外にどこにでもあるのだ。

　ただ、それは今までの視線では見えなかったものなのだ。いろいろな視点から検討しているうちに、ひょんなところから、青い水面が顔を覗かせる感覚だ。

　ブルーオーシャンを見つけられると、検討も俄然面白くなってくる。ぜひともブルーオーシャンを見つけよう。

新事業で未来を先取りせよ

▶ 変化する環境の中で自分の未来をつくる

　新事業が本格的に展開するのは「未来」の世界だ。

　その未来が、2年先か、10年先か、20年先かはわからないが、今の仕組みを前提とする必要はないし、すべきでもない。

　新事業は現状の延長線上にはない。これから起こる未来に対処するために新事業をつくるのだ。

　ドラッカーは、「未来を予測する最良の方法は、それを発明してしまうことだ」と言った。

　それを見事に体現したのが、ジョブズといってよいだろう。

▶ 未来を見たジョブズ

　iPhoneの登場は、世界を変えたといってよい。

　iPhoneの登場以前は、携帯電話会社が囲い込む形で情報サービスを提供していた。それに対して、iPhone以後のスマートフォンの世界では、iOSやAndroidといったプラットフォームの上に多様なアプリが乗り、さまざまな情報が流通する。アプリの機能は日々進化し、流通する情報量も圧倒的に大きくなった。その一方で、携帯電話会社は回線を提供するだけの役割に変わった。

では、iPhoneは技術革新の成果なのだろうか？

たしかにタッチパネルといった新たな技術は採用された。しかし、それだけでは、iPhoneは変わった携帯電話の一機種として終わったはずだ。発売当時、実際にiPhoneを評価した専門家の多くも「アップルの占めるシェアは携帯電話の市場の3％くらいだろう」と間違った予測をした。

では、何が世界を変えたのだろう。

ジョブズは、未来のコンピュータを考えていたのだ。

昔はひと部屋を占領した巨大なコンピュータは、ジョブズの発明したパーソナル・コンピュータで今や机の上や膝の上に収まるようになった。その次のコンピュータは、世界中の人の手の中に収まり、ポケットの中に入れて持ち歩くことになるだろう。そして通信も、遅い固定線の時代から超高速の無線に変わっていく。

そんな未来を見据えたうえで、ジョブズはiPhone発表の5年以上前から、未来のコンピュータの研究開発に着手したのだ。

要素技術の進歩が新たな世界をつくるのではない。**出現する未来を描く力と新たな技術の「新結合」が新たな事業、新たな世界をつくっていくのだ。**

02-06 未来アプローチと技術アプローチ

手の中のコンピュータ
・正気じゃなくすごい
・世界を変える

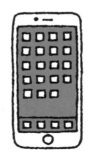

実現する技術要素
・3G通信技術
・大容量SSD
・高解像度液晶パネル
・高性能電池
・高性能モバイルCPU
・実装技術

▶ 未来はつくらなくても、使えばよい

　ジョブズの話をすると、新事業をつくるには「ジョブズにならなければならないのか」と思う人もいるかもしれない。そうではない。そんな無理な話はしていない。

　コンピュータをみなが携帯する未来になるならば、それに対応するアプリを開発してもよいし、それを活用した仕事の仕組みや新しいビジネスを考えても、新興国でのビジネス展開を考えてもよい。未来をつくる主役とならなくても、これから出現する未来を考え、その中でいろいろな事業をつくっていけばよいのだ。

　未来は現在とは違った世界になる。

　25ページの図表01‐06をもう一度見てみよう。情報通信技術は、これからも凄まじいスピードで進化する。この進化が、ロボットやドローンの進化、自動運転などの実現、また遺伝子治療といった新たな技術分野を開拓するだろう。ほかにも自然エネルギーや分散電源の活用で、社会のインフラが一変するかもしれない。また、宇宙開発も促進されるだろう。その半面、人口増加と地球環境の悪化で、水と食料の奪い合いの世界になるかもしれない。

　また、年齢別人口構成は一番確実に予測できる未来だ。日本の高齢化は進み、米国からアジアに経済の覇権が移ることはほぼ確実だ。

　未来を現在と同じ世界の延長で考えて、これから出現する未来に鈍感であっては、滅びるだけだ。新しい世界で新しい事業を考えよう。

ビジョンを描き組織を動かす

▶ 新事業に緻密な計画は無意味

　新事業を動かすには、事業計画が必要だ。
　この事業計画の位置付けは、既存事業と新事業では大きく異なる。
　既存事業ならば、綿密な調査や検討を通じて、精緻な事業計画をつくる

こともできる。大企業だと、中長期計画の策定と見直しに毎年3か月近くかける会社も少なくない。

　しかし新事業では、長期計画はほとんど意味をなさない。不確定要素が大きすぎるのだ。どんなに緻密に計画をつくっても、最初から大きく外れる。新事業は、既存事業と同じ感覚で事業計画をつくってはいけないのだ。

▶ ビジョンで事業を動かす

　では、新事業は指針なしで動かすのかというと、それはまったく違う。**より長期を見据えた目標を立てるのだ。それが「ビジョン」だ**

　ビジョンを、航海のイメージでたとえてみよう。

　既存事業の市場は、静かな内海、レッドオーシャンだ。船で混み合っているが、正確な海図もあるし、岩の位置もわかっている。船も大きい。仮に目的地である島の位置を知らなくても、どんな速度でどの方角で航行し、いつ頃どの程度舵を切ればよいか、緻密な航海計画を事前に立てれば、他の船への注意は必要だが、比較的安全に航海できる。

　ところが、新事業ではまったく異なる。海は波荒い外洋、ブルーオーシャンだ。他の船は少ないが、正確な海図はなく、霧もかかっている。船も小さい。岩礁を目視で避けながら、船を操らなければならない。緻密な航海計画をつくっても何の役にも立たない。そんな荒海で、方位磁石で目指す島の方向を確かめ、そこに向かって船を進ませるのだ（**図表02-07**）。

　ビジョンとは、この目指す島のことだ。

　自社の事業で、現地の顧客をどう幸せにするのか、自分の会社をどう成長させるのかを描くものだ。

　ビジョンとは、大胆な夢を描くものだ。ワクワクし、やる気になる、前向きなものであるべきだ。少し「ホラ」を吹くぐらい大胆なほうがよい。そして、夢を語ると同時に、その夢をいつまでにどんな形で実現させるという、スケジュール感と事業の規模感を決めていくのだ。

新事業は、「ビジョンを実現する」という判断軸にもとづき、臨機応変に意思決定しながら進めていく。ビジョンという目標を見定めつつ、走りながら判断していくのだ。

　ビジョンがないと、日々の事業判断の基準がないまま、役に立たない計画にしがみつき、どんどん状況が悪化する。捨てる・やらないという判断もできず、全部を頑張ろうとする。自分がどこに向かっていくかわからないので、社員もどんどん疲弊し離反していく。

　勝手がわからず、周囲の変化が早い新事業では、朝令暮改は仕方ない。いや、本気でビジョンを目指すからこそ、日々の行動は臨機応変に変えていくのだ。

02-07 ビジョンを目指し進んでいく

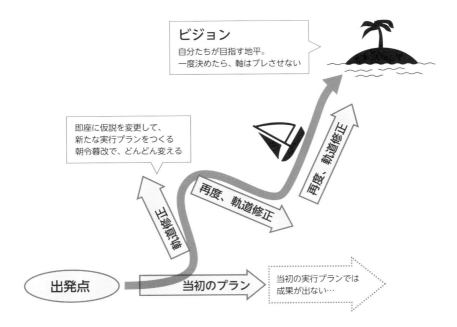

2-3 新事業に失敗する11パターン

　新事業の検討を進めるうえで、陥りやすい失敗のパターンがある。
　いずれも、既存事業での「常識」をそのままあてはめたり、ひと昔前の技術開発の考え方を踏襲したりしたものだ。よかれと思ってすることが、新事業を殺すのだ。こんな失敗パターンに陥らないようにしよう。

▶ 1）優れた技術で勝とうとする

　優れた技術を持っていることは、素晴らしいことだ。
　しかし、その技術で勝負しようと、技術を中心とした製品化に走ってしまう失敗に、多くの会社が陥っている。

　私自身、「こんな素晴らしい製品をつくりました。どこに売りに行けばよいでしょうか」という依頼を何回も受けた。これでは、考える順序が逆なのだ。結果としてなんとか戦略はつくったものの、最初からマーケティングを考えていれば、そもそも悩むこともなかったはずだ。
　また、ある有名電機メーカーで新事業の検討をしたときのことだ。開発部門のメンバーに「よい製品とはどんな製品か」と聞いたことがある。すると彼らは、何の疑問も持たずに「高性能であること」と答えた。彼らは日々、競合他社と僅かな性能の差を競い、競合の持つ機能をすべて自社製品でも網羅すべく、深夜まで働いていたのだ。
　しかし、実際に市場で売れていたのは、性能は並だが操作が簡単で使いやすい機種だった。「その製品は悪い製品なのか」と聞いたら、彼らはとても困っていた。そんなことは一度も考えたことがなかったそうだ。

　優れた技術を持っているのは、素晴らしいことだ。その優れた技術を誰にどう使ってもらうか、まずはそこから考えよう。

▶ 2）選び抜いたアイデアに賭ける

　新事業の創造は、俗にいう「1000に３つ」の世界だ。

　最初は素晴らしく見えたアイデアも、それが必ずしも実現性の高い事業計画に結びつくわけではない。

　ところが、最初の事業アイデアの数が乏しいと、途中で事業化が難しいことがわかってきても、方向転換ができずに、そのアイデアにしがみついて検討を進めるしかなくなる。そして、現実とはかけ離れたご都合主義の事業計画書ができあがり、新事業は一直線に失敗に向かう。

　日本を代表するコンサルタントである大前研一氏も、著書『大前研一のアタッカーズ・ビジネススクール』（プレジデント社）の中で以下のように述べている。

> 事業を起こす膨大な数のアイデアがなくてはならない。１つのヒット商品が誕生する裏には、アイデア段階、評価段階、開発段階、マーケット段階と、さまざまな絞り込みが行なわれるが、そのたびにアイデアは数の上では、10分の１、100分の１、1000分の１という形で減っていく。これほど極端ではないにしろ、感覚的にはそんな感じである。つまり、「1000のアイデアがあって１つの成功」というのが世の常である。
> （中略）大企業というのはアイデアを殺す機械である。事業計画と同時に開発・生産体制ができてしまっているので、スタートしたら止まらない。役所と同じである。

　大前氏の言うとおりだ。新事業が成功するのは1000に３つ。だからこそ、**たくさんのアイデアを出していこう。**

▶ 3）市場調査などの分析を重視する

　新事業は今までなかった新しい価値を提供するものだ。だから、いくら市場を調査しても、正しい数字は見えてこない。

　51ページにあるとおり、ソニーの大ヒット商品「ウォークマン」も、何

回市場調査をしても、その結果は、「売れない」というものだった。
　もちろん、市場調査や分析を否定するものではない。しかし、その手の数値データは、最初の現状理解でこそ役立つが、それ以後のステップではあまり出番はない。
　もちろん、だからといって「直感」に頼ったら、もっと間違える。

　頼るべきなのは「顧客の声」と「実感値」だ。
　市場や顧客のニーズを「顧客の声」を通じて理解し、想定する顧客なら新たな商品にどう反応するかを「実感値」をもって自分自身の言葉として語るのだ。この実感値があれば、「この商品なら売れる」「この商品は受けない」ということを、顧客の視点から判断できる。
　直感や感覚に優れて見える人とは、実は顧客の「実感値」をよく理解している人なのだ。「実感値」を持ち、それにもとづいて新事業をつくっていこう。
　この「顧客の声」と「実感値」は、STEP2で「ペルソナ」というツールを使って確かめていく。

▶ 4）完成度の高い事業計画書をつくる
　既存事業の文化から抜け切れないと、新事業でも事業計画書に過度な完成度を求めがちだ。しかし、そんなことは無理だ。
　コンサルティング会社がつくる美しい事業計画書を見た方は、同じレベルの書類を社員に求めがちだ。しかし、そのような報告書が出てくる裏には、コンサルタントの尋常ならざるハードワークと、数々の知見の蓄積による「ひな形」の存在がある。それに、美しい事業計画書に従ったからといって、新事業が成功するわけでもない。

　参考になり踏襲できる過去の「型」がある既存事業と違って、新規事業は仮説が変わるたびに、いわば全面書き直しが必要だ。事業計画書ひとつをつくるにしても、既存事業以上の数倍の時間と労力が必要だ。
　それに、事業計画の「資料としての完成度」を高めようとすると、どう

しても文書の中の矛盾に整合性を与えるため、理屈のための理屈を「脳内妄想」的に丹念に練り上げがちだ。

　同じ時間を使うなら、外部の話を聞くことに使ったほうが、圧倒的に効果的だ。

　そもそも、新事業の事業計画書の目的とは、投資を判断するための資料だ。その目的以上のクオリティはいらない。
　そして、書類に多少の瑕疵や不足があったら新事業を開始するリスクを取れないという経営陣のもとでは、どのみち新事業は成功しない。そんな経営陣は新事業をすることなど、はじめから、あきらめたほうがよい。

▶ 5）事業計画を遵守する

　新事業とは、誰にとってもはじめての経験だ。やってみなければわからないことが多い。いくら精緻に事業計画を煮詰めたところで、それを実施したとたんに修正が必要となることがほとんどだ。

　新事業とは、いわば状況が刻一刻と変わる戦場のようなものだ。ここでは、第二次大戦で米軍を率いて勝利に導いた、アイゼンハワー元大統領の言葉を紹介しよう。

> われわれは常に膨大な検討をして、大部の作戦計画書を作成した。そして、戦闘が始まった途端、出来上がった作戦計画書そのものが役立たなくなることを、常に思い知らされた。しかし、作戦を立てるために考えるという行為そのものは、非常に価値があった。

　そのとおりだと思う。当初の事業計画は、状況に応じて臨機応変に見直さなければならない。当初の事業計画書を金科玉条として突き進むと、玉砕するしかない。
　事業計画をつくることは、その完成度以上に、戦略をつくるために考え、試行錯誤をすることに価値があるのだ。そう割り切って、事業計画をつく

っていこう。

▶ 6）すぐに儲かる事業を期待する

　新事業は「問題児」だ。最初から大きく稼ぐことはできない。
　「最終的に1兆円の事業を目指す」といった大きなビジョンを掲げることはかまわない。むしろ、よいことだ。しかし、もし経営陣が「すぐに100億円の事業に成長することを期待する」などと言いはじめたら、危険信号だ。経営陣が新事業のことを何も理解していない証拠だ。
　経営陣がどんなに期待しても、「問題児」はそんなにすぐには大きくならない。構想が大きいほど仕込みの時間も長くかかる。しかし、その点を理解しない経営陣だと、そのうちに期待通りに収益が伸びないことに対する原因分析が求められ、現場は新たな仮説をつくるよりも、「できない言い訳」をするレポートづくりに追われるようになる。
　こうなったら新事業の失敗は目に見えているし、失敗したら全責任が自分たちに降り掛かってくる。早めに逃げだすことを、強くお勧めする。

▶ 7）可能な限り失敗を避ける

　新事業の検討とは、「99の失敗の次に、成功パターンをひとつ見つける」という作業だ。ほとんどのチャレンジは失敗に終わるが、チャレンジを続けないと成功パターンは見つからない。だから、恐れず、ためらわずに、失敗を続けることが必要なのだ。
　もちろん、再起不能な手痛い失敗はしてはいけない。だからこそ、小さなチャレンジを繰り返し、早めに失敗か成功かを見極め、次の新たなアイデアでチャレンジするのだ。
　それを、失敗をできるかぎり避けようと、事前にリスクを完璧に洗い出し、対策を事前に取らせると、小さなチャレンジをすることさえ面倒になってくる。さらに、失敗の原因分析や責任者の追及を延々してしまうと、間違っても誰もチャレンジしなくなる。
　小さな失敗は避けられても、新事業のスタートは失敗に終わるのだ。

▶ 8）最初から収益や予算に縛られる

事業で最終的に問われるのは、財務的な成果だ。

しかし同時に事業計画で最後まで見えないのが、この財務的な成果でもある。予算をつくるための変数が多すぎるのだ。まだ売上の数字なら比較的考えやすいが、利益の数字はビジネスモデルと前提条件でどうとでも変わる。こうした条件が定まらないうちに予算はつくれない。

しかし、この予算をつくる作業というのが、わりと楽しいのだ。エクセルで数字をシミュレーションしながら、「利益を出すには売価はコレ以上にする必要がある」とか、白熱した議論をしてしまう。

しかし、ビジネスモデルが固まる前にそんな議論をしても、まったく意味がない。そんな遊びに貴重な時間を使ってはいけない。

新事業の予算は、事業計画書をつくる最後の段階でつくるのだ。そして、これではどう考えても赤字、となったらまた戻って、別のビジネスモデルを考えるのだ。

ちなみに、最初の予算が赤字になっても、必要以上に深刻になることはない。高級ハンバーガーの走りであるフレッシュネスバーガーの創業者の栗原幹雄氏は、創業にあたりクリアなビジョンをつくった一方、予算については、「どうせ計画をつくったら赤字になる。それで意気消沈するならば、つくらないほうがよい」と割り切って、つくらなかったそうだ。そして創業後にも多くのアイデアを出し続け、黒字の事業に育て上げた。

新事業の中身が見えないうちにお金の話をしても仕方ない。まずは事業をしっかり考え、帳尻は最後に合わせよう。

▶ 9）自前で全部やろうとする

新事業を考えるときに、自社の強みに注目することが必要だ。だからといって、自社ですべてをしようとすることは間違っている。

新事業の成功にはスピードが大事だ。自社の足りない部分を数年かけて強めていくより、自社の足りないところを補い合うパートナーと組んで、新たな事業を進めるほうが圧倒的に効率的だし、成功確率も高くなる。

パートナー候補は必ずしも業界内に限る必要はない。むしろ、今までの業界を超えたパートナーと組むことで、事業に新たな視点を取り込み、より大きな価値をつくることを考えたい。

　たとえば大学との共同研究、ベンチャー企業との協業、他業種企業とのコラボレーション、行政機関や地域コミュニティとの連携など、「外界の知」を取り入れ活用するさまざまな方法を考えてほしい。

▶ 10）大きな組織、万全な体制で始める

　新事業の検討は、まずは小さなチームで始めることが鉄則だ。

　そして、成功パターンが見えてきて、またノウハウも蓄積してきた段階で、だんだんと人員を増やし、オペレーションの体制を用意し、設備投資などに着手していくのだ。成功パターンが見えるまでは、どんなに忙しくなろうと、組織は最小限のままにしておくべきだ。

　ベンチャー企業の経営で最も重要なテーマは人材だ。それも、今の能力以上に、事業に対する姿勢やビジョンへの共感が問われる。目指すビジョンが異なる人材が入ると、どんなにその当人が優秀でも、いや優秀なほど、ベンチャー企業の経営に重大な災難をもたらすのだ。

　新事業にも同じことがいえる。とくに事業計画が承認されるまでは、技術開発を担当するチームは別として、事業化を検討するメンバーは5名くらいに収めるべきだ。それ以上の人数が関わると、コロコロと変わる現状を共有することが難しく、目指すビジョンにも温度差が出がちだ。

　そのうえ、最新の情報が十分に共有されないまま、仕事の指示がどんどん変わると、指示を受けるメンバーは、チームの運営に批判的になりがちだ。また、万全の体制を整えても、最初はそんなに割り振れる仕事もないので、ヒマになったメンバーも不満を持ちがちだ。そして、そんな不満や批判は、すぐにチームの外にも伝わるものだ。

　さらに、チームを大きくすると「使えない不満屋」が必ず混じってくる。いや、既存の事業部門はそんな人を喜んで新事業のチームに送り込みがちだ。忙しいメンバーの隣で、ヒマな彼らがいつも不平不満を言っている状況は、他のメンバーのモチベーションを著しく低下させる。

企業内での新事業では、人材を選ぶことは難しい。しかし、最小限のチームで情報とビジョンを密に共有し、お互いの様子に目を配ることが、こうしたリスクを低減することにつながる。

▶11）新事業に起死回生を賭ける

　利益率の高い「金のなる木」を持つ優良企業の社員は、どうしても「俺達が優秀だから会社が儲かるのだ」という傲慢な考え方を持ちがちだ。

　そして、市場の成長が鈍化し、また新たな競合が登場し、事業が「負け犬」になりかけても、都合のよいデータを強調し、事業が直面する問題点から目を背けようとする。そして、彼らは、「金のなる木」が「負け犬」であるのが明白になったとき、なぜか大きなリスクをとって、鳴り物入りで「起死回生の一発逆転の新事業」を立ち上げようとするのだ。

　「今までの事業で成功してきた優秀な俺達ならば、本気で取り組めば新事業には成功する」と思い込んでしまうのだ。もちろん、そんな傲慢な考え方で進める事業が成功するわけがない。大規模な投資は失敗に終わり、潤沢にあったはずの資金もどんどん減っていく。気づいたら、以前とはまったく変わり果てた、みすぼらしい会社に成り果てるのだ。

　「金のなる木」が稼いでいるうちに「問題児」をつくり続けるのが、経営の鉄則だ。既存事業の経験しかない経営陣が、自信満々で新事業に手を出すと、手痛い失敗をするだけで終わる。それが起死回生の期待を賭けた大規模な投資であればあるほど、失敗する確率は高く、その失敗は致命的だ。

　素晴らしかった優良企業も、新事業を継続して育てていないと、このような経緯をたどって衰退してしまうのだ。

2-4
仮説のつくり方と検証の進め方

　仮説をつくり検証していく基本作業は、調査やヒアリング、またアイデアを出す創発的な議論といったものだ。これらは、新事業に限らず、あらゆる仕事の基本でもある。しかし、オペレーションが確立した既存事業の中では、あらためて外部の調査やヒアリングなどをする機会がなく、また創発的な議論に慣れていない人も多い。

　そのような方でも、以下に紹介する基本的な仕事術を押さえるだけで、新事業を検討する仕事の生産性も結果の質も高めることができる。

調査の進め方

▶ 一般情報は最初に全部調べる

　事業テーマが決まったら、そのテーマに関連する書籍や統計、またネット上のデータといった一般情報は1週間をめどに一気に集めてしまおう。

　関連書籍は、大型書店を数軒めぐれば大体そろうはずだ。もちろんネット書店で検索してもよい。「週刊東洋経済」「週刊ダイヤモンド」や日経系の各種雑誌、また業界専門雑誌のバックナンバーが役に立つことも多い。関連した白書があるなら必ず手に入れよう。

　馴染みのない業界に関する知識を得たいならば、最初から分厚い本を読むのではなく、『2時間でわかる…』といった類の本や雑誌の特集を数冊読んで、全体イメージをまずは頭に入れるのが効率的だ。

　見つけた書籍は、よほど高価なものでないかぎり、まずは買ってしまうとよい。おそらく集めた書籍や資料の半分以上は使い物にならないが、読まないとわからないのだから、それは仕方ない。

　調査資料なども、インターネットで検索すれば、たくさん出てくるはず

だ。また、有料だが「日経テレコン」などの新聞・雑誌記事検索サービスも活用したい。

ネットで調べた関連記事などはどんどんプリントアウトしてしまおう。数百枚プリントして、その中から使える数十枚を選べばよいのだ。

▶ 専門家やキーパーソンに話を聞く

事業テーマに関連する講演会や展示会がタイミングよくあれば、ぜひ出向いてみよう。関連する学会や勉強会にも参加してみるとよい。

講演会・展示会に参加したときは、ただ聞いて見て帰るだけではもったいない。もっと話を聞きたい講演者や、興味ある出展企業があれば、当人や担当者と名刺交換して、改めて話を聞く機会をつくりたい。

同じく、最初に集めた本や資料の中で、これはと思う著者やコンサルタント、また関係者がいれば、コンタクトしてみるとよい。彼らには話好きな人も多い。また、あなたがお客様になる可能性もあるので、直接コンタクトしても無碍(むげ)に断られることはないはずだ。

話を聞いて、「この人なら」と思う人がいれば、社内の勉強会などの講師を依頼するのもよいだろう。

ただし、彼らの持つ情報や視点は必ずしも網羅的とは限らない。特定の人に頼り切りにならずに、できれば複数の人物から話を聞くようにしたい。

ヒアリングの進め方

▶ ヒアリングで仮説を深める

想定顧客に対するヒアリングは、新事業検討の全体を通じてとても重要な作業となる。

このヒアリングは単に情報を得て、仮説の正否を確認するだけのものではない。もし仮説が外れていたら、相手に質問して意見を交換しながら、仮説を進化させていくのだ。

このヒアリングでは、5名程度に話が聞ければ仮説が大体見えてくる。

ただしその5名は、想定顧客に近く、さまざまな話をしてくれる人でなければいけない。そこで、10名にヒアリングのアポをお願いして、内5名から、さらに深掘りしたヒアリングをするという感じで臨むとよい。

もちろん、社員や社員の関係者へのアンケート調査や、インターネット調査などで、安価に多人数に聞くことができれば、それも並行して進めるとよい。

また、たとえば想定する顧客が大企業や重要な取引先などで、気軽にヒアリングするのが難しいケースもある。そんなときは、友人経由でツテをたどったり、コンサルタントに頼んでみたりと、あれこれ試すしかない。

▶ ヒアリングの鉄則は、まず相手を理解すること

ヒアリングは大事だ。せっかく相手の時間をいただくのだから、十分な事前準備をしてから臨もう。本当はいろいろ話が聞ける相手なのに、準備不足で十分にうまく話を引き出せなかったら、あまりにもったいない。

ところが、研究者や技術者の方には、今まで顧客と接する機会があまりなく、ヒアリングに慣れていない方も少なくない。かといって、必ずしも話のうまい営業担当がヒアリング上手というわけでもない。相手のニーズを聞かずに提案の押し売りをしてしまいがちだ。それではいけない。新事業の検討メンバーは、全員がヒアリングのプロになろう。

ヒアリングの入口は、相手の現状と問題意識を把握することだ。仮説を検証する、自分の提案内容についての意見を聞くといっても、それは相手を理解してからのことだ。いきなり相手にたいして仮説を滔々と説明してはいけない。

またヒアリングの最初の段階で相手を理解しようとするとき、本当にその人が想定顧客ターゲットと一致するのか確かめよう。ターゲットから外れている場合、ヒアリング内容は参考意見にしかならない。相手に失礼にならないよう配慮しつつ、早めに切り上げたほうがよいだろう。逆に、とても参考になる意見をいただけた方には、またヒアリングをお願いする可

能性も伝えておこう。

　ヒアリングの技術については、「相槌を打つ」とか「傾聴する」とか「適切な質問をする」といった、「コーチング」の基本技術が役に立つ。コーチング関連の本は多数出版されているので参考にしてほしい。また、ヒアリングに慣れていない方は、事前に社内の人を相手にロールプレイ形式の練習などをして、ヒアリングの流れを確認するとよい。

創発的な議論をする

▶「普通の会議」と「創発的な会議」の違い

　新事業の検討では、新しいアイデアをどんどん出していかなければならない。このとき、ひとりで悶々としてもアイデアは出てこない。アイデアとは、自分と他者の異なる視点が交錯し、広がった発想の中から新結合を見出していくことにほかならないからだ。

　アイデアを出すための「ブレスト」や「ワークショップ」といった「創発的（クリエイティブ）な議論」は、会社内で日常的に行なわれている「普通の会議」とは相当に違う。その違いを理解しておかないと、いくら会議を重ねてもなかなかアイデアは生まれない。

　「普通の会議」の目的は、情報伝達と意思決定だ。この会議では、議題（アジェンダ）も進行時間も明確で、あらかじめ内容も知らされている。ともすると、結論も根回し済みで決まっている。あまり突飛な発言は慎むことが望ましい。

　それに対して、創発的な会議では、お互いに異なる意見を出しながら、視野を広げ、新しい視点を「新結合」させながら、新しいアイデアを生み出していくのだ。

　創発的な会議では、「ファシリテーター」と呼ばれる進行役が、議論の内容や参加者の雰囲気を読みつつ、議論を誘導し、アイデアを出す手助けをしていく。このファシリテーターがコントロールするのは、進め方（プロセス）のみであり、議論の内容（コンテンツ）は、参加者がその場でつ

くり出していかなければならない。それに会議の結論は、あらかじめ読めるものではないし、読めるようなものであってはいけない。
　創発的な議論をするには、それ相応の「場」が必要だ。その「場」のつくり方と議論の進め方は、次ページで説明する。

▶ アイデアを出せる人がスゴイ

　アイデアを出すのはキツイ。ひとつのアイデアにも生みの苦しみがある。
　それに対して、アイデアをつぶすのは簡単だ。どんな素晴らしいアイデアでも、生まれたばかりのときは粗だらけだ。そんな粗を見つけることは誰にでもできる。そんな指摘にたいした価値はない。
　価値があるのは、その粗を克服し、避ける方法を考え、高めていくことだ。**アイデアを出すことは粗を見つけることより100倍は難しい。時間も思考力も必要だ。それができる人こそスゴイ人なのだ。**
　もちろん穴を見つけたら、見ないふりをしてはいけない。しかし、それで止まっては仕方ない。それ以上に見つけた穴を塞ぎ、または穴を活用するアイデアを出すことに100倍のエネルギーを使おう。
　なお、アイデアの出し方は、巻末のブックガイドで紹介する本も参考にしてほしい。

▶ 創造的な企業での事例

　創発的な議論の見本となるのが、ホンダの「ワイガヤ」だ。
　日本を代表するイノベーティブな会社であるホンダは、自由闊達な企業風土をつくるために、時と場所を選ばずに気軽に集まってワイワイガヤガヤ言いながら、徹底的に議論する「ワイガヤ」を重視している。職位や資格にとらわれずに自由に話し合うことによって、新たな知恵やアイデア、目標などを生み出すというものだ。
　また、場づくりではグーグルが再先端を走っている。
　「キャンパス」と呼ばれる緑あふれる広大な敷地、カラフルな遊び道具がたくさん置かれたオモチャ箱のようなオフィス、一流シェフをそろえた食べ放題の社員食堂、充実した社員向けサービスなど、社員の創造性を発

揮してもらう仕組みにあふれている。

これは、余剰資金があるから設けた福利厚生ではない。社員の「知の創造」に投資することが、新たな事業と投資以上の収益を生むと認識するからこそ、そこまで徹底的に投資するのだ。

グーグルのように徹底できなくとも、とにかく「場づくり」には最大限の配慮をしよう。

創発的な議論を生む場のつくり方

▶ 場所は意外と重要

創発的な議論をするには、いつもとはちょっと違う道具立てで、参加者の気持ちが切り替わるようにしたい。

まず、議論をする場所は、大きめで明るく、涼しくて気持ちのよい部屋にしよう。1日通して議論するなら、研修用施設や近隣観光地にあるホテルの一室を借りるのもいいだろう。

室内のレイアウトや雰囲気づくりにも配慮しよう。机の並びは、いかにも会議室というコの字形やロの字形でなく、顔を近づけられる島配置にするとよい。

出席者の服装もビジネス・カジュアルとし、ネクタイは外そう。

また、会議が夕方以後になるなら、会場内で軽くお酒を入れて議論することを「強く」お勧めする。「間違ったことを言ってはいけない」という抑制がアルコールでいい具合に麻痺するにつれて、アイデアが噴出してくることが多い。

このような細かな配慮が大切なのだ。

▶ ホワイトボードをアイデアで一杯にする

議論に不可欠な道具は「コピー機能つきの大きなホワイトボード」だ。コピー機能がないなら、事務局が携帯やデジカメで写真を撮って、すぐにプリントできるようにしておく。

議論の内容や出たアイデアは、下手に要約せずに、言葉全部をホワイト

ボードの上に書き込んでいこう。書記役を決めずに、「発言するなら書く」といった感じで、みんなで書き込んでいく。

　ホワイトボードに向かうと、漢字が思い出せないことも多い。だが、全部をひらがなで書いても、何の問題もない。汚い字でも大丈夫。考えを止めることなく、全部ひらがなで書き殴ればよい。また、下手な手書き絵でもひとつ入っただけで、イメージが格段に膨らむことも多い。

　アイデアは大きな白紙からこそ生まれてくる。端っこの隙間でチマチマ書いてはいけない。半分くらい書き込んだら、また、話題が移ったら今の面をコピーして、まっさらな面で書き始めよう。1時間の議論で10枚、ひと晩の議論なら100枚くらいコピーする気で臨もう。

　こうやって頭の中をホワイトボードにダウンロードしていくと、頭の中の空いたスペースに、新しい考えがどんどん浮かんでくるものだ。

　逆に、議論に使ってはいけない道具はPCだ。インターネットに接続してクイックな調査をするのはよいが、パワポでまとめつつ議論をしようなどとすると、ITを使い慣れた会社でも、議論のクオリティはおぞましいほど低くなる。議論のアウトプットは、ホワイトボードのコピーの束で十分だ。パワポで清書するのは後日に回そう。

　くだらないことのようだが、ホワイトボードをうまく使いこなすだけで、議論のアウトプットの品質は格段に高まるのだ。

▶ **くだらない発言でも否定しない**

　「普通の会議」では、バカな発言をすると、肩身が狭い。

　しかし「創造的な会議」では、バカな発言をしないと、話が広がらない。

　図表02−08の例を見てほしい。ある会社が「自分が顧客になったとして受講したい研修は何だろう」ということでブレストをしている様子だ。

　最初は、箸にも棒にもかからない与太話だ。しかし、議論をしていくうちに、だんだんマトモなアイデアになっていく。

　出てきたバカな発言を否定したり、また否定されることを恐れて発言しないでいると、結局、何もアイデアが出ないままに終わる。現実の世界でも、飲み屋での会話から新しいアイデアが生まれることは多いのだ。議論

02-08 バカな発言からアイデアが生まれる

たとえば、「自分が参加したい研修」を考える場合

> うーん、研修か。やはり先生だな。
> 美人（イケメン）の先生なら、オレ（わたし）は行くな…内容は英語？

> 場所は…海外？　ちょっと厳しいかな？
> でも海外は無理でも、沖縄なら内容次第で何とかなるかな？

> 美女・イケメンと沖縄か？　どんなコンセプトならOK？　青い海…じゃ厳しいよな。何だろう。

> そういえば、環境問題とか話題じゃない？
> 沖縄なら、豊かな自然と迫り来る脅威を実感する、とかね。

> いいね！　環境保護のボランティア活動とかして、それを画像でUPする！

> 環境分野なら、ボランティアばかりじゃなくて、
> 我が社の技術を使える分野って、意外とたくさんあるんだよ。

> そうなの？　もっと教えてくれよ。
> …そんなに、あるんだ。オレが思っていたより、すごい会社じゃないか！

> 実際に1泊2日のプログラムを書いてみようか…。
> 意外と詰め込みだね、英語の時間は取れないよ。

> 地元の環境活動やってる人とかにも、いろいろ話を聞けるんじゃないかな？

> なるほど、そういうCSR的な活動って、自社の宣伝になるし、行きたい人も多いんじゃないかな？

> それなら、沖縄じゃなくても、
> 実際にわが社の製品が使われている東京湾のほうが、いいと思うよ！

> そうだね、現実的には、そっちで日帰りのほうが参加人数が多いと思うし、
> 満足度も高いと思うよ。

> ワイワイ、ガヤガヤ（続く…）

の入口は、そんなところから始めてみよう。

▶ 外部のファシリテーターを起用してみる

創発的な議論にいきなりトライしても、はじめはなかなか勝手がわからない。司会の「ご自由な発言をお願いします」という案内が虚しく響くばかりで、誰もアイデアを出さなかったり、逆に面白い与太話はたくさん出たが、新しいアイデアにはまとまらなかったりすることも多い。

最初にそんな失敗を経験すると、次からは誰も期待しなくなる。そうなったら、いつまでたっても事業のアイデアは出ないままだ。

そこで、最初のうちは、外部の経験あるファシリテーターを起用してみよう。次第に自分たちも経験を積んで十分に回せると思ったら、自前での運営に切り替えればよい。

(参考)技術経営について

▶ 研究開発と事業開発の違い

新事業に関連して「技術経営」(MOT：Management of Technology)という言葉を聞いたことがあるかもしれない。

「技術経営」とは、元となる技術や開発すべき製品がすでに決まっているなかで、「研究開発」プロセスをマネジメントする方法論だ。技術経営の中ではマーケティングは「おまけ」的な位置づけにすぎない。

新事業を技術経営の流れに沿って検討してしまうと、「つくってから売る」という典型的な失敗パターンに陥ってしまう。

しかし、新事業の事業開発と研究開発を並行して走らせる必要がある場合、後者に技術経営の考え方を有効に取り入れることができる。以下、技術経営について簡単に解説しよう。

▶ 技術経営の3つのステージ

技術経営には、まずは社内にある技術シーズ（種）を、研究室レベルで動く試作品として組み立てるまでの「**研究ステージ**」、次にそれを商業的

02-09 技術経営のステージ

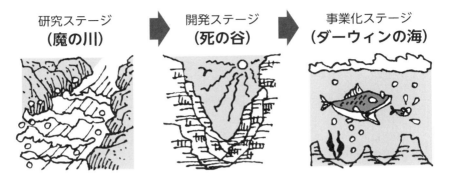

な製品として製造する「**開発ステージ**」、そしてその製品を事業として成功させる「**事業化ステージ**」の3つのステージがある。

研究と開発は、「研究開発」と一緒に並べて使われることが多いが、このふたつのステージの内容は実は相当に異なるものだ。

この研究、開発、事業化の3つのステージに、それぞれ障害となる「魔の川」「死の谷」「ダーウィンの海」が控えている。技術経営はそれを乗り越えて進めなければいけない（**図表02−09**）。

▶ 研究ステージと「魔の川」

研究ステージでは、当初の技術アイデアが想定どおりに機能するかを確認し、また新たな技術アイデアを発想し、付け加え、磨き上げていく。

たとえばデジカメならば、画像センサーという技術シーズと、レンズと記憶媒体またソフトウェアを組み合わせて、実際に画像を撮影できる試作品をつくるまでのステージだ。この段階では、研究所の中で動けばよく、大きく不格好でも、配線が外にはみ出していても、10枚撮影したら壊れるものでも、問題ない。

この研究ステージを通り抜けるときの障害が「**魔の川**」だ。画像センサーの基礎研究といった実験室レベルの研究では考えられなかった不具合が、魔物のようにたくさん出てくるわけだ。

この「魔の川」を突破するためには、魔物を退治するアイデアをたくさん出し、解決策を探さなくてはいけない。

　研究ステージを担当する研究者に求められることは、アイデアを出す発想力、アイデアを選択する科学力、また試作品を作る実験技術だ。総称して「**技術力**」といえる。

▶ 開発ステージと「死の谷」

　次の開発ステージでは、消費者にとって魅力的な機能を備え、品質の安定した製品を、現実的な価格で製造することを目指す。

　デジカメならば、研究室レベルの試作品を、市販の製品（量産品）として売るために、デザインを考え、製品の完成度を高め、製造原価を削り、品質を安定させるステージだ。そのためには、耐久性の向上、製造歩留まりの改善、適切な部材や部品の選定といった作業が必要だ。

　この開発ステージの障害を「**死の谷**」という。日照りの谷の彼方に目指すところは見えるが、歩けど歩けどなかなか辿り着けないイメージだ。

　開発ステージを担当する技術者に求められることは、製造に関する知識に加えて、部品や部材や製造者に関する広い知識、こだわることと妥協することのバランスといったものだ。総称して「**モノづくり力**」といえる。

▶ 事業化ステージと「ダーウィンの海」

　このステージは、生産した製品で利益を産み出す段階だ。

　ここでの障害を「**ダーウィンの海**」という。弱肉強食の海の中で、強い生物に食われてしまう、自然淘汰のイメージだ。

　ダーウィンの海を泳ぎ切るために求められるのは、まさに本書で解説する「**事業化力**」なのだ。

PART 3
STEP1
事業テーマを選ぶ

新事業の検討では、まず「どの分野、どのテーマでの事業を検討するか」という、WHEREという質問に答えなければいけない。
このSTEP1には、以下2つのサブステップがある。

STEP1-1 事業のアイデアを出す
STEP1-2 事業アイデアを区分けする

本パートでは、それぞれのサブステップでの進め方を説明したあと、STEP1全体を通した具体的な検討プログラムの進め方を説明する。
そして、本書で取り上げていくケーススタディ4社について、その概要とSTEP1での検討内容を紹介する。
このパートは、もしもあなたの検討する新事業のテーマがすでに決まっていたとしても、一応、目を通していただきたい。

PART 1 新事業の意義と位置づけ

PART 2 新事業のつくり方

PART 3 STEP1 事業テーマを選ぶ → 事業テーマ	PART 4 STEP2 顧客と提供価値を定める → 企画案	PART 5 STEP3 事業計画をつくる → 事業化判断

PART 6 事業の実行と組織・人材

3-1 STEP1-1
事業のアイデアを出す

事業アイデアと事業テーマ

▶ 事業アイデアや事業テーマとはどんなもの？

「普通の会社」が新事業を考えるとき、「では、どんな事業を考えればよいのだろう？」と思い巡らすところから始まることが多い。

そのためには、まずはいろいろな事業アイデアを考えてみよう。出てきたアイデアを評価して、優先順位の高いものを事業テーマとして選ぶのだ。

この事業テーマの元となる事業アイデアは、事業内容のイメージがある程度は湧くものでなければならない。

たとえば、あるソフト会社が今後ますます進む高齢化社会に対応するための新事業を考えるとしよう。

では、「高齢化社会に対応するソフトウェアの開発」というのは、適切な事業テーマだろうか？

目の付け所は悪くない。これから成長する分野だろう。しかし、「事業テーマ」としては、まだまだ漠然としている。

「高齢化社会対応ソフトウェア」といっても、人によってイメージするものは相当違う。以下、もう少しアイデアを具体化してみよう。

「高齢化社会対応ソフトウェア」の具体的アイデア
- 店舗向けに、高齢者の店員でも簡単に扱えるタブレットを利用した業務処理ソフトウェアの開発
- 生活習慣病を持つ高齢者向けに、健康状態をモニタリングするウェアラブル機器連携システムの提供
- 高齢者の親を持つ子供や家族向けに、親の所在や安否を常時確認す

るシステムの開発
- 介護施設向けに、業務プロセスを効率化し介護士の管理業務の負担を軽くするソフトウェアの提供
- 行政向けの徘徊老人追跡・発見用システムの共同研究への参画
- 老人ホームやケアセンター向けの痴呆症の予防用ゲームソフトの開発
- 行政向けに、高齢の民生委員でも簡単に使えるタブレットを使用した業務サポート・システムの提供

　こうしたアイデアなら、「あ、こういうことをやろうとしているのね」というイメージが湧くと思う。これなら事業アイデアとして十分通用する。
　この段階では、詳細を詰める必要はない。たとえば最初の例では、対象とする業務が予約受付か売上管理か在庫管理かは、あまり気にしなくてよい。また、そのアイデアが事業として成立するかなど、まったく気にしなくてよい。
　まずは、こういった「やることのイメージが湧く」ような事業アイデアを、たくさん出していこう。

▶「流行り言葉」は禁句にする

　事業アイデアを出すときに、よくやりがちなのが、イメージのないままに「流行り言葉」を連ねることだ。
　たとえばソフト会社でいえば、「ビッグデータ」「IoT」「SDN」といった言葉だろう。他業種なら、「地域再生」「高齢化社会」「社会イノベーション」「グローバル展開」といった言葉が思い浮かぶ。
　このような流行り言葉を使った結果、たとえば「高齢化社会に対応するビッグデータを活用した地域再生イノベーション」といったものが、事業テーマになってしまうこともある。
　このような、何となくよさそうだけど、よくわからない流行り言葉で事業テーマを設定してしまうと、結局は何をするのかよく見えないまま、検討が迷走するのは確実だ。

こんなときには、たとえば「では、地域再生とは何をするのか」「それにビッグデータはどう使えるのか」という質問をして、具体的なイメージの湧くアイデアを出していこう。

▶ たくさんのアイデアから始めよう

このSTEP1-1では、とにかくたくさんの事業アイデアを出そう。

59ページの大前研一氏の言葉を思い出してほしい。必ずしもSTEP 1の最初の段階で1000のアイデアが出そろう必要はない。検討を進めるうちに、どんどん新しいアイデアが出てくるからだ。

しかし、最初から「少なくとも100個」くらいはアイデアを出したい。その100個の事業アイデアのうち、磨けば光る「玉」のようなアイデアは、せいぜい5個くらいだ。アイデアのほとんどは「石」なのだ。しかし、玉ばかりを選んで掘ることはできない。石を掘り出さないと、玉も混じってこないのだ。

最初の事業アイデアは、玉石混交でかまわない。楽しく、創発的な議論をしながら、事業アイデアをたくさん出そう。

ニーズとシーズを交錯させろ

▶ スゴイ技術のスゴイ製品ですが、使い道はありますか？

「この分野では世界でも最先端の技術を開発している」という会社は少なくない。ではそんな会社が、その技術を活用して、利益を上げているかというと、意外とそうでもなかったりする。

それどころか、「スゴイ技術で、スゴイ製品をつくったのだが、使い道はあるでしょうか？」という相談を受けることも少なくない。

いくら社内や業界内でスゴイと評価されても、これでは研究開発部門の自己満足だといわれても仕方ない。

せっかく持っている技術シーズや自社の強み、開発した製品やサービスを、どこかで使えないか探してみよう。

▶ アイデアはシーズとニーズの交錯で生まれる

新しい事業のアイデアは、シーズとニーズが新たに交錯した「新結合」から生まれる（**図表03−01**）。

ここで、シーズとニーズを交錯させて新たな事業アイデアを出すには、以下の4つのアプローチがある。

- 既存の商品や今あるシーズを出発点に、
    1) 現有シーズを洗い出す
    2) 既存事業の横展開を考える
- または、既存顧客のニーズを出発点に、
    3) より深い顧客ニーズを探る
- もしくは、あまりこだわらずに、
    4) アドホック（思いつきベース）なアイデア出し

以下、それぞれ順番に見ていこう。

03-01 ニーズとシーズの交錯

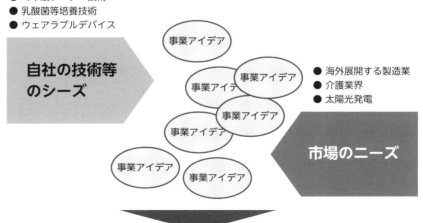

検討しているうちに、だんだんと"光"が見えてくる

▶ １）現有シーズを洗い出すアプローチ

　研究開発型の企業は、まだ市場には投入されていない、または過去に製品化されなかったなど、数多くの技術シーズを持っている。しかし、これら技術シーズは、研究開発の担当者が属人的に持っているだけで、他の人や部門に共有されていないことがほとんどだ。

　新事業を考えることは、自社の持つ技術シーズや自社の強みを、あらためて洗い出し、再認識するよいチャンスだ。

　この機会に、研究開発部門のキーパーソンに、どんな技術にトライして、どのレベルまでいったかをヒアリングしてみるとよい。意外な技術シーズが、社内に埋もれていることがわかるはずだ。

　また、シーズを発掘したら、その活用場面をイメージしよう。そのシーズがいかに「スゴイもの」であっても、「誰がどう活用するのか」というイメージがないままでは、いつまでたっても事業化できない。

　いろいろな活用イメージを、事業アイデアに落としていこう。せっかく持っている自社の知的資産、どんどん世の中に出していこう。

▶ ２）既存事業の横展開を考えるアプローチ

　ここでは、単純な新規開拓ではなくて、既存事業をベースに新たな市場に新しいビジネスをつくっていくことを考える。

　たとえば、リクルートHDの強みは、企業が求める人達をいろいろな媒体を使って集めてくる仕組みにある。当初は就職したい人を集める事業（「リクルート」）だったが、この仕組みを横展開して、転職したい人を集める（「トラバーユ」）、結婚式を挙げたい人を集める（「ゼクシィ」）、旅行したい人を集める（「じゃらん」）、宴会したい人を集める（「ホットペッパー」）というように、事業領域を広げていった。また、紙媒体からネット媒体に横展開することで、新たに事業を拡大していった。

　こうした新たな事業展開は、「市場の創造」という立派なイノベーションだ。

　また、海外に事業を広げる場合も、単なる製品の輸出でなく、現地の顧客にあった製品を開発・提供し、現地のパートナーと組んで新たなビジネ

スモデルをつくるならば、それは立派な新事業だ。海外事業の検討は、新事業の開発ととてもよく似ているのだ。

▶ 3）より深い顧客ニーズを探るアプローチ

　顧客の満たされないニーズを探り、新たな価値を提案することは、日常の提案営業活動の中でされているべきことだ。とはいえ、現実には忙しい日常業務の中では放置されたままのことも少なくない。

　なので、この顧客のニーズを深掘りするプログラムは、事業部の営業活動にとっても効果がある

　B2Cの場合には、まずは顧客の日常生活や希望や課題を知る必要がある。このためには、当の顧客にヒアリングしてみるのが一番だ。

　B2Bの場合には、顧客の業界や顧客企業の方針や戦略をまずは理解したい。その理解のうえに、新たな提供価値を考えるのだ。

　顧客のニーズを知るためには、「社内勉強会」が役に立つことが多い。

　同じ社内でも、他部門の仕事は意外と知らないものだ。他部門の事例紹介を聞くと、実は自分の部門の顧客にも同様な提案ができるのでは、と思い当たることが多いはずだ。隣の課でまさに自分たちが探し求めていた解決策をつくっていた、ということも少なくない。

　まずは、顧客の情報をきちんと理解し、そして今ある社内の知見を交換するだけでも、新たなアイデアがいろいろと湧いてくるはずだ。

▶ 4）アドホックにアイデアを出すアプローチ

　ある程度の事業領域の大枠を決めたうえで、アドホックに、つまり思いつきベースで創発的に、アイデアを出していくパターンだ。

　このためには、まずは各人の自由な発想に任せて持ち寄ったアイデアの原案を創発的な会議の中でさらに膨らませていくのがよい。

　この方法でアイデアを出してみた結果、結局は既存顧客や既存価値に軸足をおいたアイデアが多く出てくるが、それは自然なことだ。

▶ 事業アイデアを記述する

　STEP1-1で出てきた事業アイデアは、フォーマットに記入していく（**図表03−02**）。

　誰に対して何を提供するという項目も、まずは仮でよいので記述しよう。書いてみると、新たなイメージもまた出てくるものだ。

　また、この記入項目で一番大事なのは、なぜそれを提案するかという「理由」だ。顧客から求められていたり、自分がぜひとも取り組みたいアイデアならば、実現性も高くなるのできちんと書き込もう。

　こうしてアイデアを記述して具体的なイメージを共有していくと、さらに新たなアイデアが出てくることが多い。そのため、「ちょっと今ひとつかな」というアイデアも、すぐに捨てずに記述しておこう。捨てるのはいつでもできるのだ。

　いずれにせよ、ここで記述するイメージは、STEP2の検討で大幅に変わることも多い。あくまでも出発点として考えればよい。

03-02 事業アイデアの記入フォーマット

番号	テーマ案	顧客	商品	理由	内容	市場規模	自社の強み
例1	高齢化社会対応システム	徘徊老人の家族	顔認証システム	認知症老人100万人となる時代に、ソリューションを提供したい	繁華街や駅に顔認証機能をつけ、家族に居場所通知	100万人の徘徊老人家族	世界最高の顔認証技術
例2	高齢化社会対応システム	介護士と介護業者	自動入力の業務ソフト	介護業務の事務作業の負担を減らしたい	作業中や移動中の音声から自動でデータ入力	全国4万の介護事業所	音声認識とクラウド技術
例3	高齢化社会対応システム	民生委員	自動入力の業務ソフト	激務の民生委員の自宅業務を減らしたい	作業中や移動中の音声から自動でデータ入力	全国23万人の民生委員	音声認識とクラウド技術

※同じ「高齢化社会対応システム」や同じ技術を使っても、顧客が違うとまったく違った事業となる

3-2 STEP1-2
事業アイデアを区分けする

アイデアを3×3マトリクスにプロットする

　アイデアを評価するためには、3列×3行のマトリクスを使うと便利だ。これは米国GE社で事業投資の判断に使われているので「GEマトリクス」ともいわれる（**図表03−03**）。

　マトリクスの縦軸は市場の魅力度を、横軸は自社の優位性を示す。事業アイデアを区分した結果、マトリクスの左上の領域に入る、市場に魅力があって、自社の優位性が高い分野にあるものは最優先で事業化を検討する。そして、それを取り囲む領域にあるものも、順次事業化を検討していくわけだ。

03-03 3×3マトリクスでアイデアを選別する

市場の魅力度 大↑↓小	最優先で事業化検討	事業化検討	
	事業化検討	事業化検討	
			検討の対象外

大← 自社の優位性 →小

▶ 魅力ある市場で事業をつくる

マトリクスの縦軸に相当する「市場の魅力度」は、すでにある規模、これからの成長期待、また市場変化の可能性、で判断する。

市場が成長する要因として、新たな技術の登場（遺伝子療法やロボットなど）、またマクロな社会や経済のトレンド（超高齢化社会の登場やアジアの成長など）、また国の長期的な政策や予算投資（教育へのIT導入など）がある。もちろん、業界のミクロな要因で成長する市場もある。

もちろん、市場が成長するといっても、そこに自社が関与できないなら仕方ない。たとえば、介護事業は巨大産業として成長するだろうが、コンデンサーなどをつくる電子部品の会社にとっては、あまり関係ないだろう。

あと、成長する市場や変化する市場には、競合も多数参入する、そこで自分の強みをどう活かすかが問われる。

▶ 強みとは技術ばかりではない

自社の強みというと、今の製品の機能や技術力が真っ先に思い浮かぶだろう。しかし、技術に優れていることばかりが、強みではない。たとえば、以下のような強みも新事業で活かすことができる。

- 医療機関へソフトウェアを販売するチャネルと実績がある⇒高齢者向けに新たな技術を活用したソリューションを、そのチャネルを活用して販売できないか
- 精密組立ラインがすでにあり、遊休の生産能力を使える⇒ベンチャーの技術を使って安価に新製品を製造できないか
- 中国の高級ショッピングモール向けに高級日本食材を卸している⇒同じチャネルで日本製の陶器やガラス器を販売できないか

強みのない会社は存在しない。まずは自分の強みを棚卸ししてみよう。そして、個々の事業アイデアでその強みをどのくらい活用できるか考えてみよう。

▶ 区分けはザクッとした３段階評価でよい

　STEP1-2の目的は、事業アイデアを区分けすることであり、アイデア間の相対的な優位性が見えればよい。市場規模も桁が見えれば十分だし、強みも３段階の相対評価で十分だ。

　縦軸の市場の魅力度は、まずは５年後や10年後の自社が狙える市場の大きさを想定したときに、たとえば、
　　１．1000億円以上
　　２．10億〜1000億円未満
　　３．10億円未満
といった粗い区分でわけてみればよい。

　市場の大きさは、調査した結果もし予測値があればそれを使えばよいし、予測がなければ推定すればよい。たとえば高齢者向け食品の事業なら、
　　市場規模＝国内または世界の高齢者数×利用頻度×推定単価
といった、ざっくりとした数値で想定できるはずだ。

　ちなみに、このときの数字は自社の売上高の予測ではなく、自社が狙える市場の大きさだ。たとえば、高齢者向け介護事業の市場は巨大だが、その市場に向けたソフトウェア市場の大きさは、数桁小さくなるはずだ。

　また、横軸の自社の強みは、
　　１．将来的には市場で優位に立つ競争力も獲得可能
　　２．将来的には市場で十分競争できる可能性がある
　　３．自社の競争力は現在も将来も不足し競争できない
といった区分けで考えればよい。

　こう説明すると、かなり雑な評価に見えるかもしれない。
　真面目な方は、「強みにはどんな要素を入れて、どのような数式で数値化すればよいのだろう？」と気になるかもしれない。しかし、この評価の目的は、あくまで、事業アイデアの初期的な選別のためだ。GEのように既存事業の存続をかけた評価をするわけではない。

いわば、この評価の目的は、「しょうもない」アイデアを捨てることにある。実際にこのマトリクスの上に事業アイデアをプロットしてみると、半数以上が右下の領域に落ちていく。

これは仕方ない。こういった「石」をたくさん出していかないと、よい「玉」も出てこないからだ。しかし、そんな「石」にいつまでも関わっていてはいけない。「石」はここでバッサリと捨てて、掘り当てた「玉」である事業テーマに検討を集中しよう。

▶ **事業テーマは集中検討で評価する**

事業アイデアが整理・共有されていれば、事業テーマを選ぶこと自体は簡単だ。85ページの図表03−03にある「市場規模」と「自社の強み」に3段階の評価をつけ、あとはマトリクスにプロットするだけだ。

アイデアの内容をあらためて確認しつつ、類似アイデアとの位置づけやバランスを考えて、みんなで議論して評価を進める。ここはあまり思い悩まずに、ザクっと区分けをしてしまおう。100件程度の事業アイデアならば、1日もあれば十分に評価できる。

また、事業テーマは区分けができれば十分で、個別に優先順位をつける必要はない。

優先度の高い事業テーマが複数出てきたら、素直に喜べばよい。

そうした「玉」の事業テーマでも、事業化の検討がうまく進む保証はない。その事業テーマでの検討が暗礁に乗り上げたら、次の事業テーマで検討を再開すればよい。検討できる事業のタネは多ければ多いほどよい。

逆に、優先度の高い「玉」のアイデアが出てこなかった場合は、出てきた「石」のアイデアから無理に事業テーマを選んではいけない。どうせその後の検討で暗礁に乗り上げる。よいアイデアがなかった場合は、もう一度STEP1-1に戻り、もっとたくさんのアイデアを出し直すのだ。

▶ **テーマ選びはあくまで出発点**

テーマを選んだら、この新事業に取り組む「面白さ」をあらためて確認

しよう。新事業の検討は、必ずどこかで大きく座礁し、また小さな嵐には何回も遭遇する。47ページで述べたように、このとき、「面白さ」がないと、再び船を漕ぎだすエネルギーが続かない。

選んだ新事業のテーマは、市場の成長も期待できるので社会トレンドや将来の顧客ニーズにも合うはずだし、自社の強みもあるのだから自社が貢献できる範囲も大きいはずだ。

もしも、選んだテーマに面白さを感じないと思ったら、面白さを感じる別のアイデアを事業テーマに選んだほうがよい。

このように選んだ事業テーマだが、続くSTEP2の検討の中で、だんだんとテーマそのものが変化するのは、よくあることだ。事業テーマの原案に固執することはない。検討につれてテーマもよくなっていくものと思えばよい。

事例については、本書のケーススタディを参考にしてほしい。

3-3 STEP1の検討プログラム

▶ 新事業検討のプログラム

40ページに示したように、新事業を検討するプログラムは、以下の5つに分類できる。

 1）アイデア創発プログラム
 2）事業化検討プロジェクト
 3）事業創造プロジェクト（STEP1重視型）
 4）事業創造プロジェクト（STEP2・3重視型）
 5）事業公募プログラム

STEP1のみを検討する1は除いて、2〜5のすべてのプログラムでSTEP2とSTEP3の進め方はほぼ同じだ。つまり、この5つのプログラムの差とは、STEP1の進め方なのだ（**図表03-04**）。

それぞれのプログラムごとに、STEP1の進め方を見ていこう。

03-04 新事業検討プログラムのパターン

パターン	ステップ毎の検討内容		
	STEP1-1	STEP1-2	STEP2&3
1）アイデア創発プログラム	アイデアカフェ、アイデアコンテスト、アイデア交流会など	（なし、実施も教育目的で）	（なし）
2）事業化検討プロジェクト	（なし）		事業化テーマについて、3か月〜半年かけて検討 ※ここはほぼ共通
3）事業創造プロジェクト（STEP1重視型）	部門内で、1か月〜3か月かけて、じっくりアイデアの洗い出し	テーマ選定を重視する	
4）事業創造プロジェクト（STEP2・3重視型）	参加者がアイデアを持ち寄る	プログラム最初に選定	
5）事業公募プログラム	応募者がアイデアを持ち寄る	第一次審査として実施	

1）アイデア創発プログラム

▶ プログラムの位置づけ

STEP1-1のアイデア出しとその共有までをする、事業化まで想定しない軽いプログラムだ。

若手の教育や部門内の情報共有を目的として開催されることが多い。新事業創造という意味では実効性に欠けるが、このような軽いプログラムを定期的に開催することで、会社が新しいアイデアに期待しているというメッセージを伝える効果がある。

プログラムとしては、たとえば「アイデアカフェ」や「アイデアコンテスト」といったものがある。それぞれ説明しよう。

▶ アイデアカフェ

「新事業のアイデアを考えてみよう」といった軽いプログラムだ。

若手を対象としたアイデア発想の研修のひとつとして、公募で20名くらいが1日参加するのが一般的だ。また手法としては、最初に出たアイデアを複数の人が引き継ぎ、創造的な議論で膨らませていく「ワールドカフェ」という手法が取られることも多い。

▶ アイデアコンテスト

参加者が持っているアイデアを、事業化の視点からブラッシュアップし、それを最後に発表・評価するというプログラムだ。

これも公募で20名くらいが1日参加するのが一般的だ。持ち込んだ自分のアイデアを、顧客や提供価値という視点でブラッシュアップし、他者の視点から評価され、アドバイスを受けるという形を取ることが多い。

ここで高い評価を受けた事業アイデアは、提案者が自発的に事業公募などに応募することが期待される。

2）事業化検討プロジェクト

　事業化検討プロジェクトでは、事業テーマがすでに決まっていることを前提として検討を進めるものだ。「**フィージビリティ・スタディ**」と呼ばれることもある。

　そのため、本来ならばSTEP1の検討はすでに済んでいるはずだが、78ページで述べたように、与えられたテーマが具体的なものになっていないことは少なくない。その場合は、あらためてSTEP1-1に立ちもどり、具体的なテーマのアイデアを出していくところから始めなければならない。

3）事業創造プロジェクト（STEP1重視型）

▶プログラムの位置づけ

　既存の事業部門、また研究所や新事業企画部門で、新事業を創造することが求められているが、必ずしも事業テーマが見えていないといった場合、このプログラムが適している。このプログラムでは、顧客や技術シーズを軸に、事業アイデアを洗い出すことを重視する。最も本格的なプログラムといえる。

▶STEP1-1の進め方

　このプログラムでは、81ページに示す４つのアプローチのうち、１）現有シーズを洗い出し、２）既存商品の横展開を考え、３）より深い顧客ニーズを探るというアプローチを取って、本格的にアイデア創発を進めていく。

　このプログラムでは、STEP1-1の検討に１〜３か月くらい必要だろう。事業化テーマを選んだあとは、STEP2以後に進むが、ここも３〜６か月くらいかけて本格的に検討を進める場合が多い。

4）事業創造プロジェクト（STEP2・3重視型）

▶ プログラムの位置づけ

　リアルな事業計画の作成を目的とするが、アイデアを網羅的に洗い出すことにこだわらず、参加者がアドホックに思い描くアイデアの中からよい事業テーマを早い段階で選び、事業計画を練り上げることに集中するというプログラムだ。

　このプログラムは、研修スタイルで全社または部門から指名された15～25名ほどの参加者が、3～6か月ほどで事業計画書を報告する、という形で進めることが多い。このプログラムで承認された事業計画は、実際に事業化していくことが前提だ。

　比較的手軽なプログラムなわりに成果が出やすいので、多くの会社で採用されている。

▶ STEP1-1の進め方

　このプログラムでは、最初の1～2回の検討で事業テーマを選び、あと3か月～半年かけて事業計画書を作成するというプロセスを踏むことが多い。

　この場合、参加者がアイデアを考え、それを持ち寄って検討テーマを決めることから始めることとなる。

　たとえば、5名くらいでひとつのチームをつくる場合、各人が事前に10～20個ほどのアイデアを考えて持ってくる。そして、各人が持ち寄った事業アイデアについて、チーム内でレビューし、優先度の高いアイデアを事業テーマに選ぶというわけだ。

　場合によっては、ひとつのテーマについて検討したい人同士で自発的に検討チームをつくる、といった進め方をしてもよい。

5）事業公募プログラム

▶ プログラムの位置づけと進めかた

　社員の持っている事業アイデアを公募する仕組みだ。毎年数百件の応募がある会社から、数年に1度くらい数十件程度の小規模で実施する会社もある。また、全社の公募ではなく、研究所などでの「アイデアコンテスト」として、実質的な事業公募をする場合もある。

　いずれも、募集したアイデアは、2〜3回の審査を受け、最終審査を通過した事業アイデアは、実際に事業化されることとなる。

　このプログラムは、およそ以下のステップに従って進められる。

①**案件公募** …………… 事業アイデアを広く集める（STEP1-1に相当）
②**第一次審査** ………… 事務局による足切り（STEP1-2に相当）
③**企画書作成** ………… 第一次審査通過案件について、提案者が顧客と提供価値を定める検討を行なう（STEP2に相当）
④**第二次審査** ………… 審査員による「企画案」の評価
⑤**事業計画書作成** …… 第二次審査通過案件について、提案者が事業計画書を作成する（STEP3に相当）
⑥**第三次審査** ………… 審査員による「事業計画書」の審査
⑦**通過案件の事業化**

　案件募集後の第一次審査は、提案者からの提案に対して、足切り的な書面審査をすることになるだろう。第二次審査は、提案者を集めて「企画案発表会」などの形で提案者相互が刺激しあう形で進めるのもよい。また第三次審査は、基本は役員プレゼンとなる。

　第一次審査と第二次審査は提出締切り日時を設けるが、第三次審査は案件も少なくなるため、とくに締切り日時を設けず個別対応にすることが多い。また、企画案作成と事業計画書作成については、事務局で教育プログラムを提供し、提案者の便宜を図ることが多い。

　具体的なプログラムの進め方は、会社ごとにさまざまなバリエーションがある。工夫してプログラムを進めてほしい。

▶ 事業公募に過度な期待は禁物

　事業公募で集まってくるアイデアのレベルは、事前に十分説明していても相当ばらつくのが普通だ。

　たとえば、10年以上温めてきた事業アイデアを詳細なレポートとともに提出する人もいれば、職場の改善提案のようなアイデアを記述する人も多いし、個人で長年取り組んでいる社会貢献的なテーマを記述する人もいる。しかし、応募案件の大半は、思いつきと「はやり言葉」を書き込んだだけの、「石」にあたるものだ。会社により差はあるが、第一次審査で8割近くを足切りすることになる。

　さらに第二次審査の通過率を2割とすると、100件の公募があっても、事業計画書の作成までいくのはせいぜい4件ほどだ。事業化の判断がされるのは、1件あればよいほうだろう。

　ただし、いくら評価が悪くても、提案者にとっては大切な提案だ。選ばれなかったアイデアに対しても、なぜ選ばれなかったかというフィードバックを提案者にきちんと返すようにしたい。

▶ 事業公募は人材育成に重きをおけ

　このように、公募から実現できそうな新事業の案がたくさん出てくることを期待しすぎると、残念な結果に終わることが多い。

　新事業公募の目的は、会社が「新事業に期待している」というメッセージを伝え、新事業のマインドとアイデアを持つ提案者を発掘し、また企画案や事業計画書をつくるプロセスを経験するという教育機会を提供することにこそある。「事業化判断されるアイデアが出てきたらラッキー」と思うくらいの気持ちでいればよい。

　この目的をしっかり意識したうえで、事業公募プログラムを進めていこう。

ケーススタディ❶

検討テーマの決定
(第2回目・検討会)

▶「新事業創造・異業種検討会」のスタート

　本書では、新事業の検討を進める具体的なイメージを持っていただけるように、本パートから各パートの最後にケーススタディとして4社の事例を取り上げていく。

　この4社は、あるコンサルタントの主催する「新事業創造・異業種検討会」に参加して、同じクラスで検討を進めることになったという設定だ。

　この検討会は、毎月1回第3水曜日に開かれる。1社ごとに4〜5名参加して、約半年かけて新事業の事業計画書をつくっていく。プログラムの全体像は**下表**に示すとおりで、全8か月のプログラムだ。

「新事業創造・異業種検討会」のプログラム

検討会	STEP	形式	内容
第1回	STEP1	半日・講義	講義、および事業アイデア出しの宿題指示
第2回		終日・検討会	検討テーマの決定 ⇒**本書にて実況を記述**
第3回	STEP2	終日・検討会	市場と業界の理解の共有・レビュー
第4回		終日・検討会	企画案の仮説検証の進捗発表とレビュー（第1次）
第5回		終日・検討会	企画案の仮説検証の進捗発表とレビュー（第2次）
第6回		半日・中間報告	企画案の発表・講評 ⇒**本書にて実況を記述**
第7回	STEP3	終日・検討会	事業計画の進捗発表とレビュー（第1次）
第8回		個別レビュー	事業計画の仮説検証の進捗発表とレビュー（第2次）
第9回		最終報告	事業計画の発表・講評 ⇒**本書にて実況を記述**

　全9回の検討会のうち、第2回目の「検討テーマの決定」、第6回目の「企画案の発表・講評」、最終回の「事業計画の発表・講評」の3回について、本書で実況中継する形で4社の検討内容に迫っていく。以下に参加

Case Study

した4社の概要と目的を示す。

▶ **本日のテーマ：第2回・自社紹介と新事業テーマ選択**

このプログラムは、1か月前、半日の説明会でスタートした。参加者は、各自自己紹介したあと、「新事業のつくり方」という講義を受け、本日2回目の検討会に向けた事前課題を出された。

事前課題は2つ。①自社の紹介をすることと、②新事業のアイデアを参加者各自が持ち寄ることだった。

2回目の本日は1日プログラムだ。最初の1時間でお互いの会社の紹介をして、残る午前中はチーム内でお互い持ち寄った事業アイデアを紹介する。午後はチーム内で事業化テーマを選んで、最後に選んだテーマを発表するという流れだ。

以下、参加者の発表内容を披露しよう。

※自社紹介と検討結果の紹介は午前と午後に分けて行なわれたが、本書の都合上、同時に説明する。また、各社の発表者は通常、開催回ごとに交代するが、これも都合上、毎回1人が説明する形にしている。

イントレ

▶ **会社の紹介**

はじめまして！ イントレ社で事業公募の事務局をしている印鳥です。入社10年目、まだまだ若いつもりです（笑）。

私は金融機関のソフト開発の部門に籍を置いたまま、今年から始まった「事業公募制度・イントレ30」の事務局にいます。どうも社長から「30周年の新規事業を募集するのだから、明るくてイキがいい30代の女性がいい」ということで指名があったそうです。「イキがいい」って…、女性に対して失礼ですよね（笑）。

イントレ社は1985年の創業で、従業員数約1000名、売上高約500億円の

中堅のソフトウェア会社です。中堅企業向けのシステム開発が得意で、セキュリティや文書管理といった分野の技術も持っています。もちろん流行りのビッグデータにも手を出しています。

しかし、今まで盤石だったシステム開発という「金のなる木」も、世の中がパッケージやクラウドにシフトしていく中、だんだんと「負け犬」になってきています。

金融機関の仕事も波がありつつ忙しいのですが、その波がもしも来なくなっても大丈夫なように、将来の成長の柱をつくりたいと思っています。

ところで事業公募の事務局になったものの、正直、何をすればよいのかわからず途方に暮れていました。社長に相談したら、「懇意の先生がいるから研修に行ってこい」ということで、急きょ事務局全員でこの研修に参加した次第です。メンバーは兼務でシステム開発の案件を抱えていて、実はここに来るのも大変なのですが、社長の強い思いを受けているので、今後も一生懸命参加したいと思います！

前回の講義のあと、先生に個別に相談させていただいた結果、大急ぎで事業公募の申込みサイトをつくり、直後の月例会で全社員に向けて社長に趣旨を説明してもらいました。公募は先週に締め切ったのですが、予想をずっと上回る200件の応募がありました。みんなアイデアはたくさん持っていたのですね。その思いに応えなければと思っています。

研修に参加しつつ、本当に綱渡りで他の業務もこなしています。え、先生、それが一番効率的ですって？　わかりました。では、本日はこの200件からテーマを選んでいこうと思います。

▶ STEP1の検討結果

今いるメンバー全員で手分けして、先週から各40件ずつ提案内容をヒアリングしていきました。正直、デキの差が激しくて、先生の表現を借りると「石」がほとんどでした。

たとえば、「ビッグデータを分析する会計システム作成」という提案が

ありました。面白そうだと思って、提案者に電話で聞いてみると、どうも「会計データは多量にあるから、ビッグデータ分析すると何か出てくるかもしれない」という思いつきで、深くは考えていなかったようです。他も似たり寄ったりで浅い考えの提案が多くて、ちょっとがっかりです。

その一方で、検討に値するアイデアも40件くらい出てきて、今日はそれらをみんなで評価しました。

いろいろ議論はありましたが、本日最優先で選んだテーマは、当社が得意とする「学習塾用の電子教材システムをもとに、多言語対応し、語学学習ニーズに応える」というものにしました。

弊社の電子教材は、大手予備校向けにつくったものですが、複数の先生がさまざまなシチュエーションで使えるように、コンテンツの抜き出しや、教材のバージョン管理ができるなど、とてもよくできた仕組みです。

オリンピックやインバウンド観光で、外国人対応に対するニーズが高まるホテルや観光関連の会社に販売できるのではと思います。

ツボタ技研

▶ 会社の紹介

ツボタ技研の技術企画室の室長をしている小坪です。

ツボタ技研は、東京の日本橋に本社のある創業40年の電子機器メーカーです。社員は約200名で年商約200億円になりました。

ツボタのような技術主導の会社は、常に新しい技術にチャレンジしていかないといけません。

20年ほど前には、得意のセンサー技術を活かして、医療用機器に進出しました。10年ほど前、社内にあった技術シーズから「疲労度計」を開発して事業化しました。「ツボタのツカレトール」をご存知の方はいらっしゃいますか？　あ、何人か手が挙がりましたね。これは私が担当した製品なので、とても嬉しいです！　ありがとうございます。

今回は社内にある技術シーズと事業化の可能性を、もう一度洗い出して、

そこから事業化を進めようと思って参加しました。

うちは研究者も多いし、最近はオープン・イノベーションというのですか、ベンチャー企業ともコラボすることが多くて、技術シーズをなかなか把握しきれていませんでした。そこで今回の検討会を、事業を棚卸しするいい機会にしようと思いました。

▶ STEP1の検討結果

先日の検討会以来、この1か月間、社内の技術シーズとベンチャー企業の持つ技術の棚卸しをしました。これが技術企画室の本業ですので、この研修のためというわけではなく真剣に取り組みました。そして、研究所の社員やベンチャー企業の担当者に話を聞いて回りました。

やってよかったです。あらためて社内にはたくさんの技術が眠っていることがわかりましたし、私自身も、「この技術とあの研究を組み合わせればいいよ」というアドバイスがたくさんできました。まさに新結合ですね。

それで今回は、コラボしているベンチャー企業が開発中の「非接触の血糖値計」について事業計画をつくろうと思います。掌をかざすと血糖値が測定できるというものです。まだまだ研究中の技術で、ものになるかわかりませんが、研究開発と並行して事業化の検討を進めようと思います。

いのべ食品

▶ 会社の紹介

はじめまして、いのべ食品で副社長をしている伊野部です。社員100名、売上げ50億円です。

実は私の父親が創業者でして、私自身は親の会社を継がずに、商社で20年ばかり世界中を飛び回っていたのですが、そろそろ親が引退するとのことで、呼び戻されました。父親がやり手で事業を拡大して、今は専務さんとか製造部長さんといった、いわば「番頭さん」たちがしっかり事業を回しています。

私なんか名ばかりの副社長でして、父からは「早く新しい事業をつくれ！」と会うたびに小言を言われています。結構辛い立場です。あ、こんな会社の内情を喋っちゃいけないな（苦笑）。

　私の会社は食品材料をつくっています。増粘剤といいますが、寒天とかゼリーのようなものだと思ってください。寒天は海藻から、ゼラチンは牛の軟骨からとる、どちらも天然素材が原料です。
　食品材料なので、安心安全がとにかく大事ですね。こんな小さな会社でも、日本中にお客様がいますし、昨今の世界での日本食ブームもあって、海外への輸出もどんどん増えています。私が商社勤務のときに取引先を増やしたので、ここは自分の業績として誇りに思っています。
　でも、材料の調達とか製造、あと国内販売は、番頭さんがしっかり回しています。私にはとても口が出せません。

　既存事業の海外展開もまだまだ「スター」なのですが、父親は「『スター』がいるうちに次世代を仕込ませてやるのが親心」だと。偉そうに言うので反発しているのですが、それはそうなのかもしれません。まだまだ海外事業は伸びていますが、これから現地で競合が出てくると、単価では勝負できません。
　ということで、私と社長が指名したメンバーで参加しました。メンバーは全員中途入社組なのですよね。父親からは「新しいことは、本流の連中にはできない」と言われて、激励なのか馬鹿にされているのか、よくわかりません（苦笑）。
　ところで、増粘剤って、健康の世界ではかなり注目されているんです。コラーゲンとかムコ多糖体とか、聞いたことありませんか？　会社の中にいてもやることがないので、最近はよく大学での研究会とかにも顔を出しています。増粘剤は、最近話題の免疫系とか腸内細菌にもいろいろな影響があるそうです。この分野は、他の会社はまだ目をつけていないので、可能性ありそうです。

▶ STEP1の検討結果

本日、メンバーと議論して、増粘剤という素材の市場拡大を考えたところ、やはり高齢化にビジネスチャンスがあると思いました。高齢者の健康を維持するための食材として、高齢者の多い病院とか老人ホーム向けの機能性材料として提供できると思っています。

日本は超高齢化の先進国です。日本で成功したら、世界中どこでも売っていけます。

ということで、今回のテーマは「高齢者施設向けに増粘材をベースとした機能性食材の提供」とします。

神亀住販

▶ 会社の紹介

はじめまして、神亀住販の新木（あらき）です。1人だけ田舎者で、時々訛るかもしれませんがご容赦ください（笑）。このたび、新規事業部の部長を拝命して、何もわからないまま、神山県の神亀村からみんなで3時間かけてここに来ました。

新幹線が開通したおかげで3時間になりましたが、神亀村なんて、みなさん聞いたことないでしょう。いやもう田舎、人口1万人の農業と林業の町です。東京には3年ぶりに来ましたが、夜の明るさに頭がクラクラします。それに皆さん若くて高学歴で、小坪さんなんか博士ですものね。私は62歳の高卒なもので気後れしています。

弊社は住宅販売の会社です。親会社は純日本風建築が専門の「神亀組」という100年以上の歴史を持つ古い会社で、まぁ宮大工の集まりみたいなものです。弊社の売上は20億円、社員は10名で、私みたいな大工あがりのジイさんと、地元のオバサンの会社です。

住宅建設も住宅販売もご存知のように、少子高齢化で需要は一気に落ちています。我が社は日本の木材の良さを取り入れた純日本風建築を得意と

していますが、最近は村の予算でホームページをつくったおかげで、アメリカや中国などの富裕層からの問い合わせも多くなっています。彼らは広大な土地に、本物の日本建築を建てるのですよね。歴史と本物指向をアピールすると、世界につながることにはビックリしました。弊社の大工もアメリカと中国でたくさん仕事をしています。

アメリカや中国で本物の日本建築が建つのはよいのですが、やはり本拠地の日本での仕事を伸ばさないといけません。あと、弊社と関わりの深い林業も、この半世紀ずっと不調で、もうどうすればよいのか。日本の山林保全のためにも、この機会にいろいろと考えたいと思っています。

うちの親会社の社長は村の名士ということもあり、今回の新事業は、ちょっと時代がかっていますが、いわば神亀村という地域再生の大命とも思っています。

▶ STEP1の検討結果

今回の検討については、大工や営業所の連中を集めて、ない知恵をいろいろ検討しました。先生には「外界の知」が必要といわれて、この機会に神山県で活躍している北欧家具のデザイナーさんを呼んで講演してもらいましたが、とても刺激的でした。田舎にこもっていてはダメですね。とくに住宅設備のデザインは、わしら田舎者には思いもつかない格好よさでした。

でも今日また、みんなで議論したのですが、あらためて考えると、全部自分たちにつくれるものばかりです。

ということで、今回のテーマは「海外デザインの住宅設備を日本の木でつくる」ということで考えていきます。

＊

今回の検討のあと、同じ会場で軽い立食形式の懇親会が開かれた。いのべ食品の素材を使ったケーキと、神亀村特産のキノコが好評で、発表時にはちょっと肩身の狭そうだった、伊野部さんも新木さんもホッとしたようだった。

PART 4
STEP2
顧客と提供価値を定める

新事業をつくる検討の中で、最も大切なのがこのSTEP 2だ。STEP 2では顧客と提供価値、つまり「誰に（WHO）、何を（WHAT）を売るか」という事業の基軸を決めるのだ。

このパートでは、まずこの事業の基軸について説明し、その基軸を決めるための以下のサブステップを説明していく。

- **STEP2-1** 市場を理解する
- **STEP2-2** ペルソナを設定する
- **STEP2-3** 提供価値を定める
- **STEP2-4** ピボット〜仮説を方向転換する
- **STEP2-5** 事業規模を試算する

本パートで事業の基軸が定まれば、新事業の成功も少し見えてくるはずだ。

PART 1　新事業の意義と位置づけ

PART 2　新事業のつくり方		
PART 3　**STEP1** 事業テーマを選ぶ ↓ 事業テーマ	**PART 4**　**STEP2** 顧客と提供価値を定める ↓ 企画案	**PART 5**　**STEP3** 事業計画をつくる ↓ 事業化判断

PART 6　事業の実行と組織・人材

4-1 特定の「ひとり」に提供する価値を定める

WHOとWHAT、事業の基軸を定める

▶ WHOとWHATが決まれば事業は決まったようなもの

　事業の基軸とは、どんな顧客にどんな価値を提供するか、つまり、誰に（WHO）、何を（WHAT）売るかにある。

　既存事業では、このWHOとWHATはすでに決まっている。だから、そもそもWHOとWHATとをどうするかなど、考えたことはないはずだ。それに対して、新事業はここから決めていかなければならないのだ。

　既存事業しか経験していないと、「WHOとWHATを決めることなんて簡単だろう」と思いがちだ。

　そうではない。**このWHOとWHATを決めるのが、新事業の検討では一番大変なのだ。**テーマが決まったところで、売り先となる顧客の候補は多いし、そのニーズも多様だ。選択肢は無数にある。しかし、その顧客やニーズは、最初はなかなか見えないのだ。試行錯誤を繰り返し、二転三転して、ようやくWHOとWHATを定めることができるのだ。

　そして、この事業の基軸が定まったところで、はじめてHOWに相当するビジネスモデルや事業計画を考える次の検討（STEP3）に入ることができる。次のSTEP3の検討は、このSTEP2の検討に比べれば迷走することはずっと少ないはずだ。

　繰り返すが、新事業の基軸とはWHOとWHAT。これにまず答える必要があり、これに答えられれば、その後の検討もスムーズになるのだ。

▶ WHOとWHATとはマーケティング戦略のSTP

　48ページで説明したとおり、新事業をつくるにはマーケティングが非常に重要だ。

マーケティング戦略の基本となる考え方が「STP」だ。このSTPとは、

Segment　　　　　　：市場の分類
Target　　　　　　　：対象とする顧客：WHOに相当
Position/Proposal：提供する価値：WHATに相当

の3つの単語の頭文字だ。

STEP2では、まずSTEP2-1で「Segment」を、次にSTEP2-2で「Target」を、そしてSTEP2-3で「Position/Proposal」を順次検討していく。

このように、STEP2ではマーケティング戦略の「STP」にそって、WHOとWHATを定めていくのだ。

▶ 何回でもピボットして企画書をつくる

このWHOとWHATは、まず仮説として想定してみる。あまりうまくいかないようなら、仮説を「ピボット」して、またやり直すのだ。どんどんピボットして、仮説を良くしていこう。そして、STEP2のアウトプットとして、WHOとWHATを明確に定めた「企画案」を作るのだ。

新事業の出発点は、センスのよい企画案だ。そして、新事業とは試行錯誤。諦めずにピボットという試行錯誤を続けて成功をつかもう。

確実に買う「ひとり」を探れ

▶ 多くの人を満足させようとするな

新事業は、いかに将来の夢が大きくても、スタート時点ではとても小さな事業だ。最初から、市場にいる顧客全員を満足させようとしてはいけない。まずは「特定の人達」を確実に満足させる事業をつくり、そこを出発点として、事業を拡大していく。これが新事業の大原則だ。

極端にいえば、特定の人は「ひとり」でもよい。もしも、その狙った「ひとり」が買わないような商品は、他の人は決して買わない。まずは、その「ひとり」が絶対に買う商品を考えよう。

こう説明すると、その「ひとり」に絞り込むことに不安を持つ人も多い。「そのひとり以外に買う人がいなかったらどうするのだ。市場に広くアピールする商品を出そう」と思うかもしれない。

▶ あなたはどちらを選ぶだろう

ここで、ちょっとあなたに質問をしよう。

あなたは今日、たまたま出張していたとする。今はお昼前、はじめて訪れた駅の改札を出たところだ。賑やかな駅前の商店街でランチをとって、午後の打合せに向かおうと思う。そんなとき、下の2つのラーメン屋の新装開店の看板が見えた。

04-01 あなたならどちらを選ぶだろう

パスタもお寿司もできるラーメン屋さん	海鮮ラーメン一本勝負
おいしいラーメンをどうぞ！ イタリアのボローニャで仕込んだパスタもあります 築地直送新鮮なお寿司も作れます 海鮮ラーメン一本勝負	イタリア・ボローニャ、そして日本・築地での修業を経て、ようやく辿り着いたコラボレーション 究極の海鮮ラーメン、アルデンテ一本勝負

あなたは、この2つの店のどちらかに入ることに決めた。ところで、あなたならどちらを選ぶだろうか？　読み進めるのをストップして、ちょっと考えてほしい。

実際に聞いてみると、ほとんどの人が「海鮮ラーメン」の店を選ぶ。

ところが、「今までに海鮮ラーメンを食べたことのある人」と聞いてみると、ほとんどいないのだ。つまり市場調査をすると、「顧客はどこにもいない」という結果になる。

左の「寿司を出すラーメン屋」は、多くの顧客にアピールしようとしている。寿司もラーメンもパスタも、調査をすれば大きな市場があるはずだ。しかし、寿司屋もラーメン屋もすでに競合がたくさんいる。典型的な「レッドオーシャン」で新事業に乗り出そうとしている。
　それに対して、右の「海鮮ラーメン」は、競合のいない「ブルーオーシャン」での新事業だ。
　市場はまだ見えない。想定する顧客は店主ひとりかもしれない。しかし、その店主が「俺なら絶対金を払って食う」という逸品をつくっているのだ。そんな「ひとり」を確実に満足させる商品は、他の人を引き寄せる強烈なアピール力を持つ。
　ひとりを確実に満足させることが、他の人を顧客にするのだ。

　その点で、「寿司を出すラーメン屋」は、みんなを満足させようとするが、俺なら買うという「ひとり」がいない。全員を満足させようとしているが、結局誰からも見向きもされないのだ。
　それに、「寿司を出すラーメン屋」は、経営面でも苦しい。設備投資や技術獲得に資金と時間が必要だ。工程も複雑で在庫も多いし、人件費もかかる。そして、そもそも売上が足りない。

　すでに多数の顧客を抱えている既存事業なら、さらに多くの商品を並べて、間口を広げることも悪い戦略とは限らない。しかし、スタートしたばかりの新事業が最初から間口を広げようとするのは、自殺行為だ。「海鮮ラーメン」で勝負をかけなければならないところが、新事業でも万人受けする「寿司を出すラーメン屋」をやりたがる会社が多いのが現実だ。

▶ ウォークマンとiPhoneの顧客とは？
　ラーメン屋の次は、ハイテクの技術製品の例で見てみよう。
　51ページで触れたように、ウォークマンの市場調査では、何回やっても「この製品は売れない」という結果が出た。普通の会社なら事業化を諦めていただろう。しかしソニーには、「俺なら買う」と言い続けた「ひとり」

がいた。当時の会長、盛田昭夫氏だ。

　グローバル企業ソニーの会長・盛田氏は40年前の当時から世界を飛び回る仕事をしていた。しかし当時の旅客機は、ファーストクラスでも聴ける音楽が限られていた。盛田氏は、自分用に機内で音楽が聴ける携帯タイプの音楽再生機が欲しかったのだ。

　盛田氏は、「自分の欲しいもの」をつくってもらうために開発部隊に細かな注文をつけ、生産現場にも足しげく通い、自分の満足する商品ができるまでずっと見守ったのだ。

　またiPhoneも、つきつめて言えば、「手の中のコンピュータ」を夢見た、ジョブズひとりを満足させるための製品だ。iPhoneの開発は、少人数の極秘プロジェクトとして進んだが、そこにはジョブズも頻繁に足を運び、デザインや素材の細部にまで徹底的にこだわるジョブズがOKを出すまで、メンバーは限界に挑戦し続けた。

　盛田氏ひとり、またジョブズひとりが、ようやく「これなら買う」とした製品が世界中で大ヒットしたのだ。

　もちろん、ウォークマンの成功には希土類磁石の技術が、iPhoneの成功には巧みな宣伝や革新的なビジネスモデルがあった。しかし、技術やビジネスモデルだけが新しくても、誰も欲しいとは思わない製品や事業は決して成功しない。

　新事業を成功させるには、まずは**「確実に買ってくれるひとり」**を探り、そのひとりに確実に買ってもらうまで、提供価値を練り上げるのだ。

▶「買う」と「いいね！」はまったく違う

　新事業の検討では、よく「想定したユーザーが、これなら200万円でも欲しいと言ってくれました。100万円なら確実に売れるはずです！」などという話を聞く。だが、ユーザーの意見は鵜呑みにしてはいけない。

　その「いいね！」と言ってくれた人が、実際にお金を払って買ってくれるかというと、はなはだ怪しいのだ。

　自分自身に置き換えて考えてみよう。

ある日、新車が発売されたとしよう。素晴らしい高性能車で、デザインも抜群。「これが300万円なら妥当だ、いいな！」と思うだろうし、自動車ディーラーに聞かれたら、そう伝えるだろう。しかし、そう言ったあなた自身が、300万円を払ってその新車を買うかというと、そのときにたまたまクルマを探していない限り、実際に買うことはまずないはずだ。

私自身、あるインターネット・サービスの会社で、こんな経験をしたことがある。

その会社のサービスは、無料サービスのときには大きな話題となり、数百万人の会員が活発に利用していた。利用者にアンケートを採ると、みな「このサービスには月額3000円くらいの価値がある」と答えてくれたものだ。

ところがその会社が、月額約1000円を課金し始めたら、会員は雲散霧消した。残った会員はたった数百人、1万人にひとりだったのだ。その会社はその後すぐに破産してしまった。

「いいね！」は判断、「買う」のは行動。このふたつの意味合いはまったく違う。心してもらいたい。

▶ **確実に買うひとりを探せ**

どんなに素晴らしい商品ができても、実際に顧客を獲得しないと事業は始まらない。最初の顧客を獲得してはじめて、次第に客層を広げていくことができるのだ。

どんな方法を使ってでも、最初の顧客を掴むのだ。できれば、事業計画ができたときには、最初の顧客を掴んでいてほしい。

もちろん、最初の顧客にあまりに特化して、それ以外の顧客を排除しては仕方ない。バランス感覚は必要だ。

しかし、繰り返すが、新事業では「確実に買うひとり」がいなければ事業は始まらない。「寿司を出すラーメン屋」になるのは自殺行為だ。万人受けするが誰も買わない商品ではなく、狙ったひとりが確実に買う商品を、ぎりぎりと詰めよう。

あなたの商品を「必要とする人」を探せ

▶ 新製品市場の拡大：デジカメの例

　デジカメが登場した当初、それを買った人の多くはいわゆる「**オタク**」だっただろう。目新しい製品自体に興味があり、試してみたいと思う人達だ。しかしその数はたいして多くないはずだ。

　初期のデジカメの普及を支えたのは、インターネットの（商業的な）登場だ。当初のデジカメの性能はとても一般の写真用には使えなかった。しかし、ホームページに掲載する写真を撮るために、デジカメが必要となったのだ。当時の市場を作った顧客は、個人や企業でホームページをつくるために、デジカメを「**必要とする人**」だった。彼らのニーズに応えているうちに、デジカメの性能も向上し、価格も次第にこなれてきた。

　次にデジカメを買いはじめたのは「**選ぶ人**」だ。彼らは、デジカメの解像度やメディアの容量、また電池の持ちに不満を持ちつつも、内容をその場で確認できたり、メールで画像を送れたりといった優位性を評価して、デジカメを選んだのだ。そして、場面によってデジカメと銀塩カメラを使い分けたのだ。

　こうして顧客の裾野が広がるにつれ、デジカメの性能もどんどん良くなっていった。すると「**普通の人**」の日常使いでも、銀塩カメラよりデジカメのほうが使い勝手がよくなる。この段階になって、銀塩カメラからデジカメに、一気にシフトが始まった。

　このように新技術が普及する各段階で登場する消費者を、以下のように区分する。用語を聞いたことのある人もいるだろう。

イノベータ　　　　　　：「オタク」新しいものなら何でも飛びつく人
アーリーアダプタ　　　：「必要とする人」自分の課題を解決するために買う人
アーリーマジョリティ　：「選ぶ人」商品を評価し選択する人
レートマジョリティ　　：「普通の人」

▶「必要とする人」を狙え

　新事業の場合、狙うべき顧客は「必要とする人」だ。自分の問題を解決するために、あなたの新しい商品を必要とする人たちだ。

　デジカメの場合ならば、彼らは日常の写真には銀塩カメラを使っていて、とくに不満は持っていない。しかし、ホームページ用に写真をアップするという問題を解決するには、デジカメが必要なのだ。

　彼らのニーズに応え、事業をつくっていくためには、**あなたの製品が問題を解決する彼らを「発見」し、解決策を「提案」する必要がある。**

　それに対して、次の「選ぶ人」にとっては、あなたの商品は必要ではない。彼らはあくまで、既存の商品と比較検討したうえで、あなたの商品を選ぶのだ。

　一度「選ぶ人」たちが選んでくれれば、あとはほぼ自動的に「一般の人」に顧客層を広げることができる。しかし、この「選ぶ人」を納得させるためには、新商品全体を既存製品より優れたものにする必要があり、新事業としては非常にハードルが高い。このハードルを「**キャズム**（断崖）」という。

　まずは、「必要な人」を探しあて、彼らが必要とする商品を提供することを考えよう。さらにこの先の「普通の人」が買ってくれるような一般市場を狙うならば、このキャズムを乗り越える必要があるのだ。

4-2 STEP2-1
市場を理解する

▶ 業界を理解するのが第一歩

STEP1で新事業のテーマが決まったら、まずはテーマとなる業界や事業領域のことを理解しよう。この理解をもとに仮説を作っていくのだ。

できれば、当該テーマや業界について専門家となり、30分くらいは語れることを目指したい。新事業を真剣に考えると、そのくらいのことは自然にできるものだ。

業界理解のためには、まずは、業界全体の中にどんな関係者(プレーヤー、ステークホルダー)がいるのかを整理しよう。

たとえばひとつの商品の回りにも、上流工程の「材料提供者」、横に並ぶ「生産受託会社」や「下請け企業」、そして下流工程には「物流業者」「卸売業者・小売業者」がいる。そしてもちろん最終的な「利用者」もいる。また、関係者の中で、規制官庁や業界団体が大きな力を持つ業界もある。人材派遣会社との関係が重要な業界もある。

それぞれの関係者について、全体の中でどんな役割を担っているのかをまずは、洗い出して区分しよう。

業界にどんな関係者がいるかを一覧するのが、「**ステークホルダー・マップ**」だ(**図表04-02**)。関係者が上流から下流に並べられる場合は、「**サプライチェーン・マップ**」ともいう。

このマップの中で、彼らの現状の事業の規模や、彼らがどんな問題を抱えているか、将来にどんな変化が起きるか、また自社の商品が彼らの助けにならないか、なども考えていく。

▶ PESTで業界全体の環境を押さえる

現在の業界構造の見取り図が描けたら、その構造や環境がどのように変

化していくかを押さえよう。

　たとえば市場が成長するとしたら、どんなニーズが登場するのか、どんな技術や社会変化が原因にあるのかを押さえよう。このような環境変化の大枠は、以下の「PEST」という４つの要素で押さえると便利だ。

Politics　　：政策規制動向
Economy　　：経済環境
Society　　：社会の長期的変化
Technology：関連する技術動向

　このように業界の現状を調べるときには、彼らがどんな問題を抱えているか、将来にどんな変化が起きるか、また自社の商品が彼らの助けにならないか、などを考えながら調べていこう。

04-02 PESTとステークホルダー・マップ（ツボタ技研での事例）

業界の環境と動向（PEST）			
Politics	Economics	Society	Technology
社会保険の負担増に伴う医療費抑制政策	（特になし）	高齢化に伴う糖尿病など生活習慣病の増加	センサー技術、データ解析技術の進歩

ステークホルダー・マップ（または、サプライチェーン・マップ）			
位置づけ	医療機関	患者	監督官庁など
プレーヤー（会社など）と特徴	大病院 中規模病院 医院 健康診断センター	入院患者 通院患者 高リスクグループ 健康な人	厚生労働省 生命保険会社 ・・・
市場規模	・・・	・・・	・・・
変化と課題	・・・	・・・	・・・

▶ 顧客とする関係者を決める

　業界の構造を理解したら、その中で顧客とする関係者を決めよう。

　たとえば、PART3末のケーススタディで登場した「いのべ食品」の新事業テーマは「高齢者を対象にした健康食品」であるが、対価を支払ってくれる顧客は、必ずしも最終利用者である高齢者とは限らない。高齢者本人以外にも家族が主に買う場合もあるだろう。フィットネスセンターや介護施設といった事業者かもしれないし、食品会社や製薬会社かもしれない。

　関係者の中で、どういった人たちを顧客にするか決めよう。

▶ 顧客セグメントを理解する

　もし、いのべ食品の顧客を高齢者本人に決めたとしよう。

　しかし一口に高齢者といっても、健康な人と病気がちの人のニーズはまったく違う。さらに同じ健康な人でも、健康な60代と健康な80代ではニーズは相当違うし、男性の高齢者と女性の高齢者のニーズも違うだろう。

　また、ツボタが顧客として病院を考えた場合も、先端医療を追求する大学病院、地域の中核となる大病院、一般病院、また小規模な医院、入院施設のない医院では、ニーズがまったく異なるはずだ。

　このように、顧客とする関係者を選んだら、さらにその顧客を「**セグメント**」に区分けし、どのようなセグメントがあるか、またそれぞれのセグメントの特徴とニーズを把握する必要がある。

　具体的な検討内容は、ケースで紹介する。

4-3 STEP2-2
ペルソナを設定する

▶ さまざまなターゲットを考える

　STEP2-1で顧客を決めて、そのセグメントを理解したら、次は新事業が顧客ターゲットとするセグメントを決めよう。誰の課題を解決できるかを考えるのだ。

　ここで決めるターゲットは、まずは仮決めだ。

　延々と迷っていても仕方ない。まずは「エイヤ！」と決めて、検討を進めてみよう。どうも違うとなったら、また別のターゲットを選んで、検討を進めればよい。

　実際のところ、最初に選んだターゲットと、最終的に選ぶターゲットは、異なることがほとんどだ。あまりここで迷っていても仕方ない。仮決めでターゲットを選んで、検討に入ろう。

▶ 顧客代表を「ペルソナ」として設定する

　ターゲットとする顧客セグメントを選んだら、そのセグメントの代表となる人もしくは会社を**ペルソナ**として設定する。

　この「ペルソナ」とは「仮面」という意味だ。小説の主人公や舞台俳優のように、特定の性格を与えられた登場人物という感覚だ。

　この顧客代表のペルソナの生活や仕事を理解し、ペルソナになりきったうえで、そのペルソナが「これなら買う」と納得するまで商品を練り上げていくのだ。

　ペルソナが「必ず買うひとり」となるまで、商品を練り上げるのだ。

　このペルソナは、具体的であれば、具体的であるほどよい。

　小説を書く作家は、まずは登場人物を詳細に設定するそうだが、その感覚に近い。ペルソナがどんな生活や仕事をしているのか、目の前にありあ

04-03 ペルソナの例

| 市川健夫さん
80歳・男性
千葉県市川市の70平米の自宅（駅近いマンション）に妻と住む。子供2人は横浜市在住。
年金は月30万円。
日常生活は…
趣味は… | 市川康子さん
78歳・女性
市川健夫さんの妻。週に3回、健康維持のためスポーツクラブに通い、そこでの友人づきあいで毎日忙しい。
趣味は… | 浜松高子さん
81歳・女性
静岡県浜松市在住、一軒家にひとり暮らし、子供は近所。
年金は月12万円だが、野菜等は畑で自給。
日常生活は…
趣味は… |

ターゲットとする顧客セグメント
「生活に余裕のある健康な高齢者」

りとイメージできるように、描いていくのだ。
　ペルソナの考えを自分のモノとして判断できてこそ、ペルソナが求める提供価値を設計できるのだ。

　また、ペルソナは、必ずしもひとりに限る必要はない。ターゲットとする顧客セグメントを、たとえば「生活に余裕のある健康な高齢者」と想定したら、男性と女性を混ぜて全部で5名くらい設定してもよいだろう。また、そのペルソナ5名全員が買う必要はない。5名のうち1名か2名が買ってくれるなら、十分に市場はある。大事なことは、その1名か2名のペルソナが、必ず買う商品を定めていくことだ。

▶個人のペルソナの設定（B2C事業の場合）

　個人のペルソナを設定するなら、まずはペルソナに名前をつけよう。実

在の人をペルソナとして想定するなら、そのご当人の名前をそのまま使えばよい。

　彼、彼女は、何歳でどこに住んでいるのだろう？　この段階では、「70代」などと答えてはいけない。たとえば、「76歳」などと具体的に決めよう。住所も、都会では甘い。たとえば、「東京都杉並区永福町」くらいまでは決めよう。

　家族構成も、具体的に決めよう。高齢者なら、配偶者の有無や健康状況、子供夫婦がどこに住んでいるかも大事だ。

　収入や資産状況も大事な要素だ、妥当な金額を設定しよう。趣味や友人関係も、ストーリーづくりの鍵になる。また、職業があるなら、具体的な勤務先や仕事内容を決めよう。

　このように細かく設定をしていくと、ペルソナの具体的イメージがしだいに浮かんでくる。

　そんな基本設定をしたうえで、事業に関連する内容を設定していこう。たとえば、いのべ食品ならば、彼らがどんな食生活を送っているか、健康にはどんな配慮をしているか、ということを設定していくわけだ。

　このような顧客のストーリーを「**ユースケース**」という。このユースケースの中で、自社がどんな価値を提供できるか考えていくのだ。

▶会社や組織のペルソナの設定

　会社や組織を顧客にしてペルソナを考える場合も、まずは会社名もしくは組織の名前を決めよう。実在の会社や組織をペルソナとして考えるなら実名そのままでよい。

　まずは、業種と所在地、従業員数はどのくらいで何をつくって、売上はどの程度だろうか？　また、その会社がいる業界について、経営環境もあらためて記述し、その会社が目指すところを記述しよう。

　意思決定者がいるなら、その部門と肩書、名前もほしい。そして、日々の業務内容や経営上の課題や目指すところを記述しよう。

蛇足ながら、会社をペルソナとする場合、意思決定者の視点で考える必要がある。

たとえば、イントレ社が中堅企業向けに生産管理システムを販売する場合、直接の購買者はシステム部門かもしれないが、購買の意思決定をする部門は、生産部門や管理部門だろう。彼らのニーズを汲み取らなければ、どんなにシステム部門の要求に応えたところで、採用されない。

▶ ペルソナの内容もどんどん修正する

ペルソナは顧客セグメントのど真ん中にいる人だ。ところが、ストーリーを走らせていくと、次第にずれてくることも少なくない。

たとえば、「リッチな高齢者」を想定しているうちに、ペルソナを「上場企業の元役員で、品川のタワーマンション高層階に住み、毎週ゴルフと毎月海外旅行に出て、講演会にも頻繁に呼ばれる」などと設定してしまう。

たしかにこのような人もいるだろうが、おそらく対象セグメントのど真ん中は、この人よりは質素なはずだ。

いったんペルソナをつくったら、ちょっと冷静になって、その設定が顧客セグメントのど真ん中か、また現実的かどうか見直すとよい。

また、たとえば、ターゲットとするセグメントを比較的生活に余裕のある健康な高齢者に設定した場合、もしあなたのご両親がそれに該当するならば、まずはご両親に聞いてみるとよい。

「世間の常識」では、高齢者とは「活動的でなく、ヒマを持て余し、あまり金銭的な心配もなく、煩悩にとらわれることもない」というイメージがあるかもしれない。しかし実際の高齢者に聞いてみると、「毎日けっこう忙しく、スポーツジムにも通い、老後の生活費を心配し、人間関係でストレスを抱えている」というのが現実だ。

世間の常識と現実とは相当なギャップがあることが多い。また自分の両親、または配偶者や子供という身近な人も、話をよく聞いてみると意外と理解していないことがわかるはずだ。

4-4 STEP2-3
提供価値を定める

提供価値 ≠ 商品

▶ スターバックスの提供価値とは？

　スターバックスは、コーヒー業界に新しい価値を吹き込んだ、世界で最もイノベーティブな会社のひとつとして知られている。
　では、スターバックスが新たに吹き込んだ価値とは何だろう？
　あなた自身、「なぜスターバックスを選んで行くのか」、また「行くとなにがうれしいのか」について、ちょっと考えてほしい。

　スターバックスはコーヒー店だ。しかし、実際にスターバックスに行く人に聞いてみると、コーヒーがおいしいことが価値だという声は、少数派だ。それに「スタバのコーヒーが好き」と答える人が、セブンプレミアムのコーヒーも同じくらい好きだったりする。
　むしろ、コーヒーの味そのもの以上に、ゆったりできるとか、オシャレな感じがよいとか、長時間居られるとか、リッチな時間が過ごせるとか、ソファや内装が素敵とかということに、スターバックスならではの価値を感じる人が多い。
　実はスターバックス自身が、ウェブサイト等で自分たちの価値を表明している。「The Third Place（第三の場所）」という価値だ。
　第一の場所は家庭、第二の場所は職場。スターバックスの価値とは、そのどちらでもない「あなたのプライベートな第三の居場所」を提供するということだ。
　スターバックスは、顧客の居心地のよいプライベートな場所を提供するために、椅子も内装もデザインに凝ったよいものを使い、コーヒーも個人の好みに合わせられるよう多くの選択肢を用意している。しかし、コーヒ

ーそのものの価値、つまり豆や炒り方や淹れ方などで勝負しているわけではない。

　スターバックスの提供価値は、プライベートな「第三の場所」を提供することであり、コーヒーはあくまでその「手段」なのだ。

▶ 顧客の課題を見つけ、解決しよう

　新事業が提供する価値とは、顧客の課題を解決することだ。「あったらいい」というものではなく、「このために必要だから、お金を出す」というものだ。

　たとえば、112ページで述べたように、初期のデジカメはウェブサイトにアップする動画を撮りたい顧客にアピールした。でもそのためには、100万画素のデジカメでも十分だ。印画紙に印刷するにしても普通は300万画素もあれば十分だ。

　では、その発売当初まだ高価だった「1000万画素のデジカメ」は、どんな顧客のどんなニーズを解決したのだろうか。プロのカメラマンでなく、一般の人のニーズで考えてもらいたい。

　ここでは、ジャパネットたかたの例を紹介しよう。

　高田社長は「これなら自分でも買う」と納得した商品しか紹介しないそうだ。自分が買う1人になれないものを他人に紹介して、共感を得られるわけがないからだ。

　高田社長が、高価な1000万画素のデジカメの販売を依頼されたとき、最初はその価値を見つけられなかったそうだ。ショッピング・チャンネルを見ている高齢な顧客にとって、300万画素と1000万画素とに実質的な違いはない。

　どんな人がこのデジカメを必要とするかを、メーカーの技術者にしつこく聞いた高田社長は、ようやく放映直前に提供価値を発見し、テレビで次のように商品の説明を始めたそうだ。

> テレビの前の、おじいさん、おばあさん、可愛いお孫さんがいますよ

ね。そろそろお孫さんが生まれるころかもしれません。その可愛いお孫さんも、20年後30年後にはお嫁に行きます。そのときに、可愛い赤ちゃんだったお孫さんの姿を、大きな新聞紙サイズの写真にして贈ってあげてください。お孫さんを「おじいちゃん、おばあちゃん、ありがとう！」と感激させてください。大きな新聞紙サイズで隅々までピントのあった写真。そのためには1000万画素、このカメラが必要なのです。

この結果、この高価なカメラが一瞬で売り切れたそうだ。
顧客と提供価値を明確にして、相手を「必要とする人」にできれば、素晴らしい効果があるのだ。

提供価値をMVPで「見える化」する

▶ MVPをつくって顧客にヒアリングする

「リーンスタートアップ」には「MVP」という用語がある。「最小限の実証可能な製品」（Minimum Viable Product）の略だ。
このMVPを使って顧客にヒアリングし、提供価値を確かめるのだ。

たとえば、51ページで紹介した、ソニーのウォークマンの場合、マーケティング調査の結果は、新製品に否定的だった。それはそうかもしれない。その調査が、数字と文字だけ並べた機能比較表だけを見せるものだとしたら、性能の劣る機器を欲しいと思う人はいない。
では、そのときにウォークマンの模型があったらどうだろう。「カセットテープを持ちだして外で音楽を聴く」という使い方を含めて示唆されたら、調査結果はまったく違うものになったはずだ。
誰でも自分に馴染みのない新しいものは、すぐにはイメージできない。ここまで具体的に提示して説明して、はじめて顧客は新しいものを理解し、自分が欲しいか欲しくないかの判断をくだせるのだ。

家電製品ならば、MVPはリアルな製品模型だ。３Ｄプリンタも安価に使えるようになった昨今、どんどんMVPを印刷して、仮説検証に使っていこう。

　では、たとえば、イントレ社がつくるソフトウェアのMVPとはどんなものだろう。機能仕様を並べても、ふわふわしたイメージ図を並べても、顧客にはまったく理解できない。実際の画面イメージや処理の結果を見せて、できれば動く画面を触って使って、はじめて納得できるのだ。

　このような「プロトタイプ」と言われるデモ用のソフトウェアがソフトウェアの場合のMVPとなる。

　また、ケーススタディのいのべ食品がつくるお菓子のMVPとは、試食サンプルだ。いくら能書きを聞いたところで、実際に食べてみるまでは、顧客はそれが欲しいかどうか、まるで判断できないはずだ。

▶ B2Bなら提供価値を金銭換算しろ

　B2Bの顧客が商品を買う場合、投資効果が判断基準となる。

　顧客が商品を買うにあたり稟議書を書くわけだが、その中に記述する投資効果が明らかならば購買判断は容易だが、そうでなければいつまでたっても買ってくれない。

　たとえば、工場向けに「信頼性の高い製造装置」を提案する場合、それは顧客にとってどの程度の金銭価値があるのか考えてみよう。

　もし、信頼性向上のおかげで設備稼働時間が長くなり、機会損失が削減されるならば、年間いくらのロスカットが期待できるのか。より信頼性の高い高級品が製造できるようになるならば、顧客が期待できる売上増はどのくらいか。このような数字をいろいろと考えてみよう。

　もちろん、最初はどう考えてよいかよくわからないし、正確な数字も推定できない。だからこそ、顧客とコミュニケーションするのだ。

　このコミュニケーションを通じて、顧客の仕事内容も悩みもより深く理解することができ、よりよい価値を提供できる。また、商品の適切な値付けも見えてくる。そして、あなたの会社と長く付き合い、提供価値を十分理解した相手は、あなたの商品を買ってくれる顧客になる可能性が高い。

商売の基本は「**あなたの商品を買うと、私はいくら得をするの？**」という質問に答えることだ。高いビジョンを提示するとともに、足元のこうした質問にも、同時に答えていこう。

▶MVPは社内コミュニケーションの道具でもある

MVPは顧客とコミュニケーションする道具であると同時に、社内でのコミュニケーションを円滑にする道具ともなる。

いくら言葉で語っても、MVPがないままでは、関係者が持つイメージがバラバラになりがちだ。ここでMVPをつくると、社内でも目指すべき商品イメージをクリアに共有できる。

「高機能にしたいが原価が上がるムダな機能はつけたくない」「どこまでが必要でどこからが不要か」「デザインはどうすべきか」「製造方法はどうするのか」などといった要求や質問に対し、MVPを道具にして、社内の関連部門同士が合意できる内容を見つけていくのだ。

▶提供価値が見えれば、あとは何とかなる

顧客（WHO）と提供価値（WHAT）は、新事業の根幹だ。

この提供価値がクリアに見えてきて、顧客も確実に存在することがわかれば、あとは価値を顧客にどのように提供するかというビジネスモデルを組み立てる。ここは、方法論（HOW）の問題だ。

もちろん、顧客と提供価値が見えれば、必ずよい事業計画ができて、新事業も成功するという保証はできない。しかし、ここまで辿り着けば「あとは何とかなる」ことが多いのだ。

反対に、顧客と提供価値が見えないまま、いくら表面的に素晴らしい事業計画書を書いても、新事業は成功しない。

まずは、顧客と提供価値を定めることに集中しよう。

（参考）新しいツールの活用

ペルソナを設定し提供価値を定めるステップが、新事業をつくるときの

一番大事なステップだ。

　近年、イノベーションが注目を集めるなかで、このステップを進めるためのいろいろなツールや新しい用語が登場している。

　たとえば、「**カスタマージャーニー・マップ**」というツールがある。これは顧客（カスタマー）が商品にどのように接していくか（コンタクトポイント）を図示し、顧客経験価値を記述するものだ。とくにインターネットを活用したマーケティングを含めて考えるときに便利に使える。

　また、「**バリュープロポジション・キャンバス**」というツールもある。これは顧客（カスタマーセグメント）について、その行動（ジョブ）とそれにともなう利得（ゲイン）と苦痛（ペイン）を記述し、また提供価値については、基本機能（プロダクト）と利得と苦痛を与える要素（ゲインおよびペイン・クリエータ）を記述するものだ。

　また、「**デザイン思考**」というツールも、試作品（MVPに相当）のデザインを核にユーザーの理解を深め、新たな発想を生み出していくための手法であり、基本はリーンスタートアップと同じと考えてよい。

　ほかにも、実際の顧客の行動観察にもとづき、顧客の隠れたニーズを探索する「行動観察手法」といったツールなどがある。

　このように、近年登場した新たなツールはいずれもペルソナと提供価値をより効果的に効率的に考えるためのものだ。目新しさに振り回されることなく、必要に応じて使えるツールを使っていけばよい。

4-5 STEP2-4
ピボットで仮説を方向転換する

▶ ピボットで仮説をどんどん切り替えていく

　提供価値の仮説は、想定する顧客が「これなら自分はお金を出して買う」と言ってくれるまで、何度でも練り上げる必要がある。仮説を検証して、当初の思惑どおりうまくいっていなかったら、仮説をピボットし、修正していくのだ。

　仮説を全部新しくつくり変えることはない。今ある仮説を起点にしながら、その一部を変えて次の仮説にトライしていくのだ。
　ちなみに『リーン・スタートアップ』エリック・リース＝著、井口耕二＝訳（日経BP社）で定義するピボットには、以下の10種類がある。いろいろなピボットにチャレンジしていこう。

- ズームイン型　　　　：製品機能を元の一部に絞る
- ズームアウト型　　　：他の製品の機能まで取り込む
- 顧客セグメント型　　：同じ市場の別の顧客セグメントに変更する
- 顧客ニーズ変更　　　：同じ顧客の別のニーズに変更する
- プラットフォーム化　：自社単独のアプリか他社も相乗りできるプラットフォームかを変更する
- 事業構造変更　　　　：一般市場向けか特定市場向けかを変更する
- 価値補足型　　　　　：価格の捉え方を変更する
- 成長エンジン型　　　：成長戦略を変更する
- チャネル型　　　　　：販売チャネルを変更する
- 技術型　　　　　　　：同じソリューションを違う技術で提供する

▶ 早めに仮説を検証し、早めにピボットする

　ピボットはいたずらに数をこなせばよいというわけではないが、なるべく早めにしたほうがよい。

　ところが、検討が進んでくると、ひと言でピボットするといっても大変だ。MVPはつくり直しが入るだろうし、ペルソナを新たに決めてヒアリング先を探さなければならないかもしれない。

　しかし、ピボットを繰り返さない限り、事業の成功はない。

▶ 競合の登場を常に意識しろ

　新事業の基本はブルーオーシャンを考えることにあるが、それでもときには、よく似た商品やサービスを提供する事業者や、また真正面からぶつかるような競合が登場することがある。そのような競合が存在し、もしくは登場したときには、どのように対抗するか、またはどう棲み分けて共存するかという対抗策の仮説を考えなければならない。

　そのときも、顧客ヒアリングの場を、その仮説を検証する機会として使いたい。実際のところ、自分たちだけで悶々と悩むより、顧客に素直に聞くほうが、よいアドバイスがもらえ、新たな指針が見えるものなのだ。

▶ ピボットとはときには「ちゃぶ台返し」

　検討が進んでくると、ひと言でピボットするといっても大変だ。MVPはつくり直しが入るだろうし、ペルソナを新たに決めてヒアリング先を探さなければならないかもしれない。

　ピボットのイメージは、テーブルの足を軸にいろいろ置き方を変えるようなものだ。天板を左右に動かすくらいのピボットならよいが、天板をひっくり返す「ちゃぶ台返し」みたいなピボットが入ると辛い。

　しかし、このピボットを繰り返さないと、事業の成功はない。頑張ってチャレンジを続けてほしい。

　ピボットは、いたずらに数をこなせばよいというわけではないが、なるべく早めにしたほうがよい。

自分でつくった仮説には、どうしても愛着がある。苦労して考えてつくった仮説なら、なおさらだ。そんな苦労して考えた仮説や、時間をかけてつくったMVPが、ヒアリングで否定されることを想像すると、恐怖を感じるはずだ。
　しかし、確かめなければ、どんどん「脳内妄想」が膨むばかりで、さらに確かめるのが怖くなる。
　人も仮説も「恥をかいて成長する」ものなのだ。恥は早めにかいてしまったほうがよい。

4-6 STEP2-5
事業規模を試算する

▶ どこまで目指すか「皮算用」する

　顧客と提供価値が見えてきたら、いったん頭を切り替えて、その事業テーマで事業としてどのくらいの規模が見込めるのかを試算しよう。
　この事業規模は、たとえば以下の式で推定できる。

想定顧客数×想定価格×目標シェア

　この試算の目的は、自分の考える事業のゴールが、1億円なのか、100億円なのか、1兆円なのか、という規模感を掴むことだ。
　この規模感がわかれば、必要な組織体制や生産設備、またマーケティング費用の粗々なイメージも掴めてくる。
　事業計画書をつくる中で、この数字は修正していくことになるが、**まずは「皮算用」で、どこまで目指すかという規模感を掴もう。**
　この規模感を試算すると、あまりにバラ色の数字になるかもしれない。「全社売上で現在100億円なのに、新事業は1兆円くらいの規模感」というような場合だ。
　既存事業の感覚だと「それはそれとして、最初は10億円くらいを目指して、その後は堅実に年10%の成長を目指そう」というように思いがちだが、それはあまりに愚かだ。
　その数字が見せてくれるのは、まだ見えないブルーオーシャンの大きさなのだ。レッドオーシャンの既存事業とは関係ない。それが大きいものならば、果敢に突っ込んでいって、最後は1兆円をものにしてほしい。
　逆に、この試算値が期待する規模より大幅に少ない場合は、早めに諦めて、次の仮説にトライしたほうがよい。小さな池でちまちまと新事業を考えるのではなく、次の新しいブルーオーシャンを探しにいこう。

ケーススタディ❷
企画案の発表・講評
（第6回目・中間報告）

　前回紹介した第2回の会合では、各社が事業テーマを設定した。引き続き第3回の会合では、各社が市場の分析結果を共有した。そして第4回と第5回の会合では、各社が仮説検証の状況を報告しそれに対するレビューを行なった（プログラム全体は96ページ参照）。
　本日の第6回の会合は中間発表会だ。各社の検討メンバーの上司や関係者も同席し、各社が新事業のペルソナと提供価値を定めた「企画案」を発表する。各社の検討の流れと企画案要旨の発表を聞いてみよう。

イントレ

▶検討の流れ

　イントレの検討の中間報告をします。
　正直なところ、こんなに苦労するとは思いませんでした…。でも、ピボットしながらいろいろ可能性を探っていくのは面白いですね。私はずっと、電子教材は学校等の教育用だと思い込んでいましたので、それ以外の可能性には目を向けていませんでした。今回は、お客さんと話して、隠れたニーズを聞き出せたからこそ、何とかよい仮説に辿り着いたと思います。とても勉強になりました。

▶市場の分析

　電子教材の市場は、「学校や学習塾といった学生・生徒向け」と、「語学や資格といった一般市場向け」、そして「企業内教育といったビジネス市場」に分かれます。イントレは学習塾に強いのですが、塾や学校といった学生セグメントは頭打ちです。そこで、一般社会人向けのセグメントを第一優先にしました。高齢者向けも拡大するとは思いますが、カルチャーセ

ンターみたいなものが多くて、電子教材にとっては有望な市場とは思えず落としました。

また、最初は企業内教育の市場はまったく見えていなかったので、検討からも落としていました。まさにここにブルーオーシャンがあったのです。

イントレのピボット

	最初の仮説	2番目の仮説	3番目の仮説	4番目の仮説
WHO	社会人	社会人	企業	企業
WHAT	語学研修	資格研修	研修一般	マニュアル制作

▶ 最初の仮説 一般社会人向け語学研修

最初に設定した事業テーマは「社会人向け語学研修」でしたので、最初は社会人の語学教育で最大手の「四谷外語学院」を考えました。チームメンバーの印照(いんてり)君が四谷外語の生徒で、中国語を習っているそうです。そこで彼に先方につないでもらいました。

そしてヒアリングに臨んだのですが、四谷外語は、英語と中国語というメジャーな語学に、ぜひとも電子学習のシステムを導入したいとのことでした。「これは大当たりだ！」とガッツポーズをとったのですが、もう少しヒアリングを進めてみると、実は一番ほしいのは発音練習のパートだそうです。

この機能はイントレの製品にはありません。もちろん自社でも開発できるので、「システム提案します」と四谷外語に伝えて、電子教材の営業部門につなぎました。

その営業担当者には、「この忙しいのに『イントレ30』とか何してるんだと思ったけど、意外と役に立つものだねぇ」と嫌味っぽく言われました。「あなたこそ、営業なんだから新規開拓くらいしなさいよ！」と思ったのですが、営業も目の前の仕事で忙しくて、手が回らないのかもしれません。今では「お役に立ててよかった」と思い直しています（笑）。

また、たとえばビルマ語とかスワヒリ語といったマイナーな語学は、そもそもニーズが少なくて、教える人も限られるので、電子教材化の必要はないとのことでした。
　どうにも攻めようがなくなったので、一度あきらめて、ピボットです。

▶ **2番目の仮説** 一般社会人向け資格研修

　次の仮説は、同じ「社会人向け研修」ですが、語学から離れて、資格取得の学習にピボットしました。その中での最大手スクールは「資格のウーカン」なのですが、ここでも何とまた印照君が受講生で、システム監査の勉強をしていました。この小柄で大人しい印照君、本当に勉強ばかりしていますね。でも、今回もそのツテで先方にヒアリングできました。
　事前の調査で、資格には司法試験や会計士といった士業系、情報処理などの情報系、その他の危険物取り扱いや介護士などの技能系があることがわかりました。情報系は電子教材化が進んでいるのは弊社でも知っていたので、今回は士業系と技能系に絞って聞きました。
　ヒアリングの結果、たしかに士業系の資格は教材のCD化やDVD化が進んでいるのですが、イントレが得意とする電子教材の導入はほとんど進んでいませんでした。「やった！　これはチャンス」と思っていたら、超有名講師が自分の講義内容を配信するためにCDやDVDを使うという理由がありました。だから、資料を共有管理したり、共同で編集する電子教材システムは受け入れられないだろうとのこと。まったく、数人が独占して稼ぐ世界って、イヤですね。
　あと、技能系については受験生も2～3桁少ないし、ほとんど個人で参考書を買って勉強して終わりということでした。電子教材の市場としては、あまり旨みがなさそうです。またピボットです。

▶ **3番目の仮説** 企業向け研修

　一般社会人向けの研修が厳しそうなので、企業向け研修にピボットしてみました。
　ここでも調べてみると、いろいろな会社があるのですね。新入社員研修

に強い「サルー」とか、ビジネススキル専門の「ブロービズ」などです。今回は、弊社の人事教育担当にも同席してもらったのですが、弊社が彼らの顧客になる可能性もあって、ヒアリングはスムーズでした。

ヒアリングでは、テキストを見せてもらいつつ、講義の進め方などについていろいろ聞きました。

わかったことは、企業向け研修にはさまざまなやり方があるということです。標準的なテキストがあったり、講師任せだったり、進め方も千差万別。どの会社も電子教材の導入は進んでなかったので、どこに焦点を合わせればよいのかなと思い悩んでいたのですが、ふと先生の「迷ったら顧客に聞きに行け」という言葉を思い出して、最終ユーザーにヒアリングをかけてみました。

▶ **4番目の仮説** 企業向けマニュアル制作

聞きにいったのは、弊社の生産管理システムを使っていただいている工作機械大手の初芝電機の教育担当・島さんです。

語学教育とビジネススキルの電子教材について丁寧に説明したのですが、はじめのうちイケメンの島さんは興味なさそうで、「残念、これは外したかな」と内心思っていました。

でも、バージョン管理の説明をすると、「多国語版のマニュアル作成もできるのか？」と聞かれました。多国語版という機能が元々あるわけではないですが、本ソフトの特徴であるバージョン管理で対応できると思うと答えました。

すると、興味がなさそうだった島さんの顔色が変わりました。初芝電機では、語学やビジネススキルの研修よりも、機械を補修する担当者に対する機械取扱教育の比重が高いそうです。

機械補修のマニュアルは、さまざまな製品型番に対応しなければならず、それも世界各国の言語でつくらなければならないといいます。また、同じ製品でも製造時期によって操作方法や機能仕様が変わるので、多くのバージョンが必要だとのことでした。今でもマニュアルをPDFにして世界中に電子配信しているが、その管理だけで本社に専門の部門があって、外注

費用もバカにならないそうです。
　ようやく、ここで金脈を掘り当てた感じです。まさに弊社のソフトが一番役に立ちそうなところでした。

▶ペルソナと提供価値

　今回ヒアリングした初芝電機の島課長がペルソナです。イケメンの35歳、残念だけど妻子持ち…、あっ、先生、そんなのはどうでもいい？　この場合のペルソナは、初芝電機という会社です、すみません。
　売る製品は、バージョン管理ができる多国語対応の「マニュアル管理システム」です。基本のつくりは電子教材と同じです。MVPのプロトタイプまではつくれませんでしたが、だいたい今の電子教材で理解いただけたはずです。ちょっと機能追加は必要です。
　提供価値について、私は製品そのものの仕様を書いてしまったので、先生に厳しく注意され書き直しました。提供価値は「初芝電機の海外受注の成功確率を上げ、管理コストを削減する」です。
　初芝電機の工程を分析すると、本社の部門だけでなく、国内の翻訳外注や海外でのメンテナンス、教育部門など、関係する部門の効率化を考えると、弊社のシステム導入で５億円以上のコスト削減ができそうです。それに、全世界で同時展開できるので、保守業務のスピードアップにつながりますし、インドや東欧などの多言語地域で売る際にも優位に競争できます。
　あとイントレは、電子教材では国内では最先端の技術を持っていますので、細かなバージョン管理も実現可能、これはなかなか他社に真似できないはずです。

▶想定する事業規模（皮算用）

　初芝電機さんには、年間５億円のコスト削減ができるのだから、年間2000万円で売ろうという皮算用です。この値段で売る大手が10社。年間500万円で売る中堅が200社、そのくらいは目指したいです。ソフトウェアにしては高いけど、人を１〜３人くらい雇うことに比べれば、断然安いはずです。少なくとも、イケメンの島課長、いや初芝電機さんは「買う」と

言ってくれました。

なので、合計は、2000万円×10社＋500万円×200社で、合計毎年12億円かな。悪くないでしょう？

ツボタ技研

▶ 検討の流れ

今回の検討はシーズの血糖値計を検討しました。

調べてみて驚いたのですが、糖尿病患者はかなりの数がいるのですね。あと、糖尿病は毎日の血糖値管理が大事なのですが、毎日2〜4回、自分でインシュリンの注射を打つそうですが、本当は血糖値の変化に合わせたタイミングで打ったほうがよいとのことです。でも、自分ではなかなか測れないので、便宜的に食後に打つそうです。

当初、病院での簡便な診断のニーズかなと考えていたのですが、やはり患者の日々の管理に使ってもらいたいと思いました。ただ、装置の値段は個人が買うには高い設定です。ここで相当悩みながら、ピボットを続けました。

ツボタ技研のピボット

	最初の仮説	2番目の仮説	3番目の仮説	4番目の仮説
WHO	病院や診療所	糖尿病患者	国内の事業所	米国の事業所
WHAT	コスト削減	自宅での利用	従業員の健康管理	社員の生産性向上と保険料削減

▶ **最初の仮説** 血糖値計の病院や診療所への販売

この血糖値計は従来の機器とは違い、半導体で測定するのでずっと安価なのですが、それでもまだ高いです。そこで、最初は医療機関への販売を考えました。でも、この仮説は2日目くらいにボツにしました。

なぜなら、医療機関にとっては、ツボタの血糖値計を入れるメリットは、若干のコスト削減と測定時間の短縮といった程度です。それに糖尿病患者にとっては何の変化もありません。これでは単なる製品の改良であって、新たな価値を提供する新事業としては失格です。

▶ 2番目の仮説　家庭への販売

そこで、家庭用に販売することに切り替えて、社員とその友人で糖尿病患者を10名くらい探してもらいヒアリングしました。実は隣の課の東條さんも糖尿病で、毎日会社でインシュリン注射を打っていたと知りました。

身近にいた患者の東條さんも含め、患者さんたちにヒアリングしたのですが、個人ユースで考えた場合のネックはやはり値段でした。20万円という想定価格を示すと、重症で自宅療養している人は「買うかも」と言ってくれたのですが、それ以外の方は全員躊躇していました。

あと、自宅では調子が悪ければ横になれるからまだいいが、会社で会議中などにいきなり調子が悪くなると困るということでした。この問題のほうを何とかしてほしいとのことでした。

▶ 3番目の仮説　事業所への販売

そこで、次のターゲットは事業所にピボットしました。

まずは、ツボタの人事部に聞きに行きました。人事部にいる私と同期の仁寺君は、社員の生産性が上がるなら結構なことだし、自社製品の開発のためなら喜んでテストに協力するとのことでした。ただ、他社に機器を置くなら「健保組合に聞いたほうがよいだろう」と言われました。

それでツボタの健保組合に尋ねてみると、正式な制度として組み入れるためには、医療機器の認定が必須だと言われました。しかし、認定を取得するには何年もかかるし、病院と連携しての調査が必要で、かなり費用もかかります。そうなると採算に乗りにくいし、売り方もよくわかりません。

また、東條さんが言うには、設置場所も難しそうです。更衣室や休憩室では人の目もあるので大っぴらには使いたくないし、トイレだと清潔感がありません。やはり自分が糖尿病だということは隠しておきたいとのこと

で、なかなかよい設置場所がないのです。
　この段階では、かなり行き詰まり感がありました。

▶ 4番目の仮説　米国市場への展開

　4回目の検討会の際に、先生から「主な市場は日本なのですか？」と聞かれました。そう言われて海外に目を向けると、糖尿病患者は日本より米国のほうがずっと多いです。ツボタの米国子会社「ツボテック」には、優秀なセールスエンジニアもいます。「ツボテック」では、ツボタの感染症センサーをエボラなどのパンデミックの診断に使えないかと、米国の病院と一緒に臨床試験も行なっています。日本の市場を捨てることはないですが、やはり動きが早くて市場も大きな米国から攻めるほうがよいかなと思い直しました。

▶ ペルソナと提供価値

　ペルソナは「ツボテック」の社員の中にすぐに見つかりました。

　彼の名前はデイブ、ロサンゼルスに住む42歳です。彼と慣れない英語で一生懸命テレビ会議しました。

　デイブは早朝6時には起きて朝食後にインシュリンを打ち、クルマで家を出て7時から仕事をするそうです。米国人は朝早いですね。朝のドライブは、朝食後のインシュリンの直後なので大丈夫だそうですが、午後の会議や帰宅のドライブが怖いそうです。お客さんのところに行くのもクルマだといいます。インシュリンを打つタイミングと注射量を間違えると、いきなり疲れが出て判断能力が落ちるので、運転が怖いと言います。

　普通は午後6時頃の帰宅なのですが残業や接待も多く、とくに接待の席では、さすがにインシュリンを打つタイミングが難しくて、ヒヤヒヤするそうです。接待に出る前に血糖値がわかれば、かなり安心できるとのことでした。

　ただ、自宅で夕食をとるときには隠れて注射する必要もないし、疲れたら休めるので、大金を払ってまで家に欲しい装置ではないと言います。

　オフィスに機器を置くならどこかと尋ねたら、コーヒールームに置けば

いいとのことです。たしかに、無料のコーヒーや炭酸飲料が置いてあるスペースが米国ドラマには出てきますよね。それじゃ太るはずですよね。ならば「コーヒーと炭酸飲料のサーバを、水と日本茶と血糖値計に置き換えればいい」と提案したら、デーブが話に乗ってきました。ついでに、血圧計や、ツボタ自慢の「血液サラサラ度計」も置けば、肥満の元凶となるコーナーから健康セクターに様変わりです。毎日血糖値を計れば、糖尿病予備軍にも注意喚起できますね。といった話をしていたら、興奮したデイブが仲間の社員を呼んできて、テレビ電話の前で「こいつは、スゴイ！ 製品開発を待っている！」と興奮して大騒ぎになりました。これは、やらないといけません。

あとで、「ツボテック」の健保組合に相当する医療保険会社に、認可についてデイブから聞いてもらいました。すると、さすが米国は動きが早くて、これで糖尿病患者の生活の質が向上するなら、すぐにでもトライしたいとのことです。

提供価値については、これでクリアです。「米国から糖尿病サラリーマンを一掃する！」 これができれば、世界が変わります。

やはり、米国からスタートするのがいいでしょう。もちろん、特許はガチガチに固めていきますよ。競合も調べないと。

▶ 想定する事業規模（皮算用）

肥満大国、米国市場は巨大です。米国人の糖尿病患者は、予備軍含めて、なんと約1億人です。

従業員100名以上の事業所や公共施設には必ず1台置くとして、全米でざっと50万台は売りたいですね。固定型の機械は年50万円×50万台＝2500億円市場ですね。もちろん、機器の単体売りじゃなくて、レポート提供とかのサービス収入も考えますが、あくまで目安の規模感です。

それに、開発予定の1台5万円の家庭向け機器が加わると、全米で1000万世帯に売れるとして、1000万台×5万円＝5000億円市場に広がります。合わせて、7500億円。日本や欧州・中国は、合わせて米国の5割程度と見ればよいかな。合計で1兆円規模。夢は膨らみますね！

いのべ食品

▶ 検討の流れ

いのべ食品の発表をします。

検討テーマは、高齢者向け機能性食品の食品素材です。正直なところ、このテーマではあまり夢を持てなかったんですね。なぜなら、食品素材って、原価いくらの世界なので、どんなによいものをつくっても買い叩かれてしまいます。また、ブランドで差別化できないから、どうしても利益が出にくいし現在のビジネスそのままじゃないかと…。

でも、実際にヒアリングをしていくうちに、いろいろなことが見えてきました。今まで、自分がいかに「できない言い訳」をしていたのかが、よくわかりました。反省しきりです。

いのべ食品のピボット

	最初の仮説	2番目の仮説	3番目の仮説	4番目の仮説
WHO	食品メーカー	高齢者	高齢者	高齢者と子供・孫
WHAT	機能性食材	機能性の補助剤	機能性の和菓子	機能性の洋菓子

▶ **最初の仮説** 食品メーカー向けの機能性食材提供

いのべ食品では、南アジア原産のフルーツを原料にした多糖体について研究をしていて、まずは杏仁大学の先生とディスカッションしました。高齢者になると腸内の細菌叢の構成が悪化して、これが免疫力とか栄養状態、さらには精神状態にまで大きな影響を与えます。しかし、弊社の食材を摂取すると大幅に改善するとの調査結果が出ました。

その結果を持って懇意にしている食品メーカーを回ろうとしていた矢先、先生に引き止められました。そんな素晴らしいものを大手メーカーにのこのこ持って行ったら、すぐにコピーされて材料屋にもなれないぞと。

私はお客さんに言われたものを持って行くという行動が染み付いていたんだと思います。あらためてショックを受けました。「やはりビジネスは自分でつくらねば」と、その日は一晩中眠れませんでした。

▶ **2番目の仮説** 高齢者向け栄養補助材

そこで、弊社の食品素材を高齢者に直接売るビジネスを考えました。粉末の素材を1回の食事分の個包装のパックにして売るわけです。

この試作品をつくって高齢者に試してもらいました。社長にはまだ怖くて試してもらえないので（笑）、私の部門のスタッフ、つまりここに出席しているメンバーの両親、全部で8名です。

まあ、みなさん機能を聞いて「いいね」とは言ってくれたのですが、実際に使い続けてくれたのは、お通じが悪くて困っているお1人だけでした。その方には、すごい効果があると絶賛されました。「毎日100円で月に3000円なら出すよ」とのことです。結構いい値段ですよね。

ただ、それ以外からは不評でした。粉が酸っぱくておいしくなかったからです。「こんなもの、いくら健康になるからといって毎食食べるのは嫌だなぁ」ということでした。もっと広く売れる食材にしたかったので、ちょっと困りました。

▶ **3番目の仮説** 高齢者向け健康和菓子

たしかにこの食材は酸っぱいので、毎食だとなかなか使いづらいのです。そこで、素材からお菓子へとピボットしてみました。

4回目の検討会で、いろいろ考えて試作品を持ってきました。苦労しましたよ、酸っぱい素材ってアンコに合わせたら全滅、和菓子だと水羊羹くらいしか合わなくて困っていたのですが、他のチームから「何で洋菓子はないの？」と聞かれて気づきました。私は「高齢者だから和菓子でしょ」と思っていましたが、うちの社長を思い浮かべてみると、和菓子も好きだけどいつもケーキばかり食べています。

さっそくメンバーのご両親たちにヒアリングしてみると、今の高齢者は洋菓子が好きな人が多いのですね。高齢者＝和菓子というのは、本当に自

分の中での思い込みでしかありませんでした。

　ただ、この検討会で特許について発表できたのはよかった点です。はじめて弁理士事務所に行ったのですが、これなら立派な特許になると言われました。今まで研究開発してきた製品も他社に全部真似されてきたのですが、本当にお人好しすぎでしたね。

　そうそう、この新食材、いのべ食品が開発した多糖類なので「イノベトース」と名づけました。

▶ 4番目の仮説　3世代向けの健康洋菓子

　さっそく試作品のケーキをつくって、高齢者のみなさんに届けました。仕事で実家に里帰りさせることになったので、メンバーも喜んでいました。私も娘を連れて社長の元に持って行きましたよ。

　社長が「変わった味だね、どんな食材を使っているの？」と聞くので、正直に答えたら、「そうか、この酸味がうまいじゃないか！」と、とても喜んでくれました。

　妻にも娘にも好評で、健康の効能を伝えたらすごく感心されました。私も「これなら売れる」と確信しました。

▶ ペルソナと提供価値

　ペルソナは、両親も首都圏に住んでいる設定で、メンバーのご両親の平均値で設定しました。

　名前は、円満寺高吉さんと高子さん。夫婦仲もよく、娘の佳子さんとも友達関係のように月に2回は実家で夕食を一緒に取るそうです。

　最初は、高齢者夫妻の健康のためにと思ったのですが、この製品は、それだけではなく、とくに娘の佳子さん、孫の雅子さんのお肌をツルツルにする効果があるようです。

　佳子さんにとって「健康にいい」という理由があると、ご両親に持って行きやすいらしいです。また、たまの機会なら、少しぐらい高いお金を出してもいいかなと言います。どうやら、あとで高子さんが佳子さんにお小遣いをあげているようです。それで、お肌にもよいなら、自分も雅子さん

もうれしいそうです。

このように、「三世代そろって健康」ということを提供価値としました。

▶ 想定する事業規模（皮算用）

まだまだざっくりですが、洋菓子の付加価値分としては1個につき100円、弊社の取り分は20円くらいでしょうか。

全国に円満寺さん夫婦が100万世帯ほどいるとして、毎月1回ケーキを買ってくれれば、100万世帯×1回×12月×20円×4個＝約10億円になりますね。ケーキの市場が4000億円くらいなので、金額ベースのシェアはその400分の1になります。そのくらいなら、無理なく狙えるかもしれないな。ツボタさんみたく、米国進出できればさらに10倍程度の市場を狙えるかもしれませんね。

神亀住販

▶ 検討の流れ

最近は毎月上京しているので、田舎者の私もようやく道に迷わなくなりました。でも、検討は道に迷ってばかりです（笑）。

この勉強会は横文字言葉も多くて、難しいのなんの。こんなに勉強したのは久しぶりです。でも今日は町役場の助役さんまで見学に来てくれたので、都会のみなさんに負けないように発表します。

神亀住販のピボット

	最初の仮説	2番目の仮説	3番目の仮説	4番目の仮説
WHO	一般消費者	新築住宅の客	新築住宅の客	都市生活者
WHAT	欧米風家具	（模索中）	薪ストーブと薪の提供	ペレットストーブとペレットの提供

▶ **最初の仮説** 国産木材を使った欧米風家具の製造

「もうこれしかない」という感じで意気込んで検討したのですが、ちょっと調べただけで他にも手がけている会社がたくさんあることがわかりました。国の補助金事業になっていることが理由でしょう。神山県だけで商売するならともかく、これでは東京では商売にならないとすぐにわかりました。今まで自分の業界のことも知らない井の中の蛙だったことがよくわかりました。

▶ **2番目の仮説** 顧客との対話

神亀住販も東京郊外の住宅展示場に注文住宅を展示しています。頭を抱えていても仕方ないので、その展示場に半月張りついて、いろいろ家具を紹介してみました。

こんな歳になりますが、お客さんと話すのは初めてで、はじめはコチコチに緊張しました。でも、大工の作業服を来た説明員は珍しいらしくて、どうやら人気者になったようです。1日10人以上は来店するので、全部で100人くらいと話したことになります。

途中で気づいたのですが、みなさんの視線を見ていると、どうも家具よりもモデルハウスに設置された薪ストーブに興味があるようなのです。

ふと「薪ストーブ、欲しいですか？」とお客さんに聞いたら、「とても欲しいのだけど、薪をどこで買えるかわからない」とのこと。でも、薪なら神亀村に腐るようにあるわけです。薪を売ることは問題ありません。

神亀村ではどの家も冬は薪ストーブです。都会ではほとんどエアコン、灯油ストーブで暖房しているなんて、みなさんは当たり前かもしれませんが、私は全然気づきませんでした。

▶ **3番目の仮説** 薪ストーブ販売と薪の提供

そこで、薪ストーブを売って、ついでに薪を売れば、今までお金にならなかった間伐材や端材や雑木を売ることができて、町のみんなも喜ぶのではないかと思いはじめました。

こう考えたら、がぜん面白くなって、住宅展示場に来る人に、次々と聞

いてみました。他のハウスメーカーの人から、「薪をくれるなら自分たちも高価な薪ストーブが売れるから説明してくれ」と言われて呼ばれたりして忙しくてね。

みなさん、薪ストーブなんてあまり知らないんですよね。薪ストーブは熱効率がいいので、薪代なんか運搬費を入れても灯油より安いです。それに、炎を見ていると気分が落ち着きますよね。新築を考える人の中で薪ストーブを入れる人が多くなるかもしれません。

あまり売れたら神亀村の薪だけでは足りなくなるから、周りの市町村と一緒になって薪を確保することが必要です。薪を売って稼ぐことができれば、過密になっていた杉林を伐採できて、山の経済も回るようになるかもしれません。

実現するのは大変ですが、これこそが新事業なのかと、興奮してきました！

▶ **4番目の仮説** 薪とペレットストーブを通じた林業再生

ふと考えると、新築ばかりで考えることはない。住宅市場はリフォームが主流になってきています。そこで、展示場の来場者に、「今のお宅に薪ストーブはどうですか？」と聞いて回りました。

するとみなさん、「マンションに住んでいるから欲しいけど買えないね」という返事ばかりでした。いや、都会の人って、マンションに住んでいる人が多いのですね。田舎の感覚ではなかなかわかりませんでした（笑）。

そこで、「ペレットストーブ」を提案してみると、みなさん、ほとんど知らないですね。「木クズを固めたペレットを燃やすストーブですよ」「簡単な排気管だからマンションにも設置できるし、操作も簡単、煙も出ませんよ」「ペレットは製材時に出るカスを固めたものなので燃料代も灯油より安いですよ」などと、説明しまくりました。そうしたら、ほとんどの方が「買いたい」とのこと。

こんなにニーズがあったのかと、また興奮してしまいました。みなさんは、どうですか？　やはり欲しいという方は多いのですね。いや、これはモノになるかもしれません。

▶ **想定する事業規模（皮算用）**

　薪ストーブは輸入品なので、原価と工事費で設置します。ペレットストーブは無料で設置してもよいでしょう。最初は町の予算で組んでほしいですね。そして、薪とペレットを売っていけばよいのです。薪やペレットは交通費を乗せても灯油より安くて済みます。東京なら1日200円くらいじゃないかな。最大で100万世帯に売れたとして、

　100万世帯×200円×100日＝200億円

　くらいの事業にはなりそうです。こうなると、もちろん神亀住販だけではできません。近隣町村などと組んで進めていきます。

　林業全体の売上高が4000億円くらいだから5％程度ですね。目標としては悪くないと思います。

＊

　中間発表後の懇親会は、すべてのチームがブルーオーシャンを見つけたことで、とても明るい雰囲気の会となった。ここまでくれば先は見えてきた。参加者はみな、新事業を進めていく高揚感と緊張感にあふれた表情をしていた。

PART 5
STEP3
事業計画をつくる

本パートで解説するSTEP3は、新事業の事業計画をつくり、それに対して最終的な事業化について判断を得る段階だ。事業化が承認された新事業は、晴れて「問題児」として世の中に生み出される。
この事業計画は、以下のステップを経てつくる。

STEP3-1 ビジネスモデルを組み立てる
STEP3-2 ビジョンを描く
STEP3-3 事業計画書にまとめる

上記について説明したあと、最後に以下の方法を解説する。

STEP3-4 事業化を判断する

PART 1　新事業の意義と位置づけ

PART 2　新事業のつくり方

PART 3 **STEP1** 事業テーマを選ぶ ↓ 事業テーマ	PART 4 **STEP2** 顧客と提供価値を定める ↓ 企画案	PART 5 **STEP3** 事業計画をつくる ↓ 事業化判断

PART 6　事業の実行と組織・人材

5-1 STEP3-1
ビジネスモデルを組み立てる

マーケティングの4Pを考える

▶ STPを定めたら、4Pはスムーズに決まる

　マーケティング戦略の基軸はSTEP2で決めた「STP」(106ページ参照)だ。このSTEP3では、続けてHOWに相当するマーケティングの4Pを決めていく。

　「4P」とは、「**Product**（商品の内容）」「**Price**（価格）」「**Promotion**（宣伝告知）」「**Placement**（販売チャネル）」の4つのPだ。STPが定まれば、この4Pはわりとスムーズに考えることができる。この4Pは、売れる組み合わせが見つかるまで臨機応変にどんどん変えて試していこう。

　では4Pについて以下、順に見ていこう。

▶ 商品（Product）

　STEP2で検討した提供価値を体現する商品だ。STEP2で作成したMVPをベースにして、STEP3ではさらにリアルな商品の開発を進めながら、提供する商品の詳細を詰めていく。

▶ 価格（Price）

　価格については、「顧客は本当にその値段を出して買うのか」ということを、最後までしつこく確認すべきだ。想定顧客へのヒアリングでは、実際には買わない人も、会話の流れにのってついつい「買う」と答えがちだ。

　価格設定は、顧客にとっての価値で決まる。顧客には原価がいくらかなど関係ない。「原価＋利幅＝価格」でなく、「**利益＝提供価値－原価**」として考えなければならない。ごく当たり前の考え方だが、こと自分の製品になると、顧客の価値より原価のほうに目がいきがちなのだ。

あと、価格は安易に下げるべきではない。新事業の商品は「必要とする人」に売るものだ。そもそもその商品を「必要としない人」は、価格を下げたからといって買うわけではないからだ。

またB2B（Business to Business）の場合、最初の顧客には製品を販売するのではなく、「課題解決」というコンサルティング契約として売るようにしたい。単に製品を売るよりも付加価値をつけた高価な値づけができて、初期の活動費を回収できる可能性もある。

▶ 宣伝告知（Promotion）

新事業に対する顧客の認知は、誰も知らない「ゼロ」から始まる。素晴らしい商品も、顧客に認知されて、はじめて届けることができる。この顧客から認知を得るための活動が宣伝告知だ。

新事業が認知を得る必要があるのは、ターゲットとする特定の顧客だけだ。彼らが接するメディアに集中して宣伝告知をすべきで、それ以外の努力はムダでしかない。

メディアとは、たとえば彼らがよく読む雑誌、よく見るウェブサイト、専門的なメールマガジン、業界に特化した展示会や勉強会などだ。メディアは絞り込めば絞り込むほど効率がよい。このような専門メディアへの告知は、購読者数が少ない分、マスメディアよりずっと安価で済む。また、「彼らに影響力がある人に紹介してもらう」「口コミで広げる」といった地道な努力も必要になるかもしれない。

また、彼らの多くはネットで検索をかけて、あなたの商品に到着するはずだ。ウェブサイトをわかりやすく、かつ充実させることは、新事業の必要条件だ。そこではターゲットとする顧客に対して、提供価値をクリアに謳おう。

また、ネットメディアの有効性の確認には、「**A/Bテスト**」という手法が効果的だ。これは、サイト上にデザインを複数用意し、顧客にはランダムに提示する。その結果、アクセス数や販売量が多かったデザインを選んでいくという方法だ。

いずれにせよ、宣伝告知でお金をかけ始めるとキリがない。まずはどこ

のメディアが有効なのか、あまり費用をかけずに試行錯誤して、有効性を確信できた時点でまとまったお金を使うようにしよう。

▶ 販売（Placement）

販売チャネルは、まずは直接販売やネット販売からはじめ、顧客の手応えを確かめよう。

販売チャネルに積極的に動いてもらうためには、彼らにとっても魅力的な商品であることを説明しなければならない。売れることを確信してから、代理店などの販売チャネルを活用して本格的に販路を拡大しよう。

ビジネスモデルを組み立てる

▶ 新事業にはパートナーは必須

新事業は小さな所帯で行なうものだ。本格的な事業化を考えるなら、社内・外にパートナーが必要だ。事業パートナーと足りないリソース（経営資源）をお互いに補完しあって、事業を進めていくのだ。

まずは、事業を展開するために必要なリソースを洗い出し、それをどこからどのように調達するかを明確にしよう。

新事業の開発部門が提供するのは、商品のアイデアと事業計画だ。

パートナーは、事業を実現するためのバリューチェーン上の機能、つまり、「技術開発」「原材料提供」「製造委託」「物流ネットワーク」「広告宣伝メディア」「販売チャネル」「管理業務」といった機能を提供する。

組むべきパートナーが社内の他部門にあるならば、ありがたい。また、新事業支援組織があるならば、管理業務などはほとんど彼らが対応してくれるはずだ。

▶ ビジネスモデル・キャンバス

今まで検討した要素を、一覧的に表現するツールが「ビジネスモデル・キャンバス」（**図表05-01**）だ。

今までSTEP2とSTEP3で検討してきた要素を、このツールの中に図表

05-01 ビジネスモデル・キャンバス

7）キーパートナー	5）キーアクティビティ	2）提供価値	4）顧客との関係	1）顧客セグメント
外部に委託される活動や、外部から調達されるリソース	ビジネスモデルが機能するよう組織が取り組まなければならない活動	**WHAT** 顧客の抱える問題を解決し、ニーズを満たすもの	顧客との関係性を構築、維持、展開するための様々な仕組み	**WHO** 組織がつくり出す価値を届ける相手：人、他の組織
	6）キーリソース		3）チャネル	
	ビジネスモデルを機能させるために必要となる資源（リソース）		顧客の求める価値を提供していることを告知する方法、その価値を届けるさまざまなルート	

9）コスト	8）収入
キーリソースを調達し、キーアクティビティを行ない、キーパートナーと働くために支払うコスト	価値の提供を受けた顧客から支払われるお金

1) **顧客セグメント**：STEP2-2で定めたWHOを記入
2) **提供価値**：STEP2-3で定めたWHATを記入
3) **チャネル**：本ステップで検討したPlacementを記入
4) **顧客との関係**：本ステップで検討したPromotionを記入
5) **キーアクティビティ**：マーケティング・研究開発・製造・営業といった、自社の機能と活動を記述する。
6) **キーリソース**：本ステップで検討したリソースを記入
7) **キーパートナー**：本ステップで検討したパートナーを記入
8) **収入**：STEP3-2で検討する
9) **コスト**：STEP3-2で検討する

05−01のように入れていくとつくることができる。

ビジネスモデルの要素の中でも、基軸となるのはWHOとWHATだ。ここが決まれば、あとはSTEP3で検討した要素を埋めて、ビジネスモデルの全体像をつくることができる。要素を埋めてみたら、不足する要素や要素間での矛盾がないか確かめてみよう。

ビジネスモデルの実際の記述例は、本パート末のケーススタディを参考にしてほしい。

▶ **回収エンジンを設計する**

顧客からお金を得る仕組みが「**回収エンジン**」だ。一般のビジネスでは、商品を売って対価を得るというシンプルな回収エンジンを持っているが、そこに発想を限定することはない。

たとえば、携帯電話は、端末の販売価格はほとんどタダにして契約のハードルを下げ、主にその後の通信料金で対価を得るという回収エンジンを持っている。インクジェットプリンタも、本体を安くしてインクで回収するという同じ回収エンジンを持つビジネスだ。

また、テレビ放送は、提供価値であるプログラムを見るのは無料だが、スポンサーの広告から対価を得るという回収エンジンを持つ。グーグルの検索ビジネスも、提供価値である検索自体は無料だが、検索連動型広告から対価を得るという同じタイプの回収エンジンを持つものだ。

その他にも、たとえばネットゲームのように、基本的なサービスは無料で提供することでユーザーの拡大を図り、その一部の高度な機能（たとえばメダル等のアイテムのゲット）を使うユーザーには課金するという回収エンジン（「フリーミアム」という）もある。

いろいろな回収エンジンを考えてみよう。

この回収エンジンを表現するには「**ピクト図**」が最適だ。顧客と自社、また関係者の間での価値の提供と対価の流れを、絵で表現するとわかりやすい（**図表05−02**）。

05-02 ツボタ技研の回収エンジンのピクト図

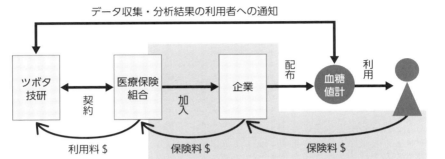

ピクト図では、
顧客など関係者を、個人は「丸と三角」（人の形）で、法人は「長方形」（ビルの形）で、記述する。
提供価値（製品・サービスなど）を、原則は「丸」で記述し、その関係を矢印（→）で結ぶ。
お金の流れを「¥（または$など）」と矢印（→）で、記述する。

収益構造を確かめる

▶いろいろな条件を設定し収益を試算する

　ビジネスモデルの原案ができたら、事業の収益構造、つまり「どこからどのような売上が入り、どこからどのような費用が出て行くのか」が見えてくるはずだ。そのうえでいろいろな条件を設定して、収益の簡単なシミュレーションをしてみよう。

　たとえば、「想定する販売量で利益を確保するには単価をどの程度に設定すべきか」「単価が顧客の希望より高過ぎるなら、もっと付加価値を訴求するか」「機能を削ぎ落としてコストを下げるか」「副次的な収入を期待するか」などといった検討だ。

　このように、いろいろな条件を設定しながら、顧客も満足し、自社も十分な利益を期待できるというところを探っていくのだ。

　もし、どう考えても利益が出そうにないならば、そのビジネスモデルは最初からつくり直しだ。

▶ 限界利益と収益分岐点、投資回収を把握する

収益構造の検討では、以下の限界利益、収益分岐点、投資回収期間の3つの変数を確認しておこう。

> **限界利益**：商品をひとつ売るごとに出る利益
> 　　限界利益（円/個）＝単価（円/個）－比例費（円/個）
> **損益分岐点**：黒字化するために必要な商品の販売数
> 　　損益分岐点（個数）＝固定費（円）÷限界利益（円/個）
> **投資回収期間**：投資を回収できるまでの期間
> 　　投資回収（月）＝投資額（円）÷限界利益（円/個）÷販売数（個/月）

限界利益がマイナスならば、事業は成立しない。損益分岐点が大きければ、たくさん売って稼ぐしかなく、新事業には辛いモデルだ。また、投資回収期間があまりに長いと事業化の判断がおりない。

まずは、この3つの指標で事業の収益性を確認し、必要に応じてビジネスモデルを見直し、収益の改善方法を考えていこう。

5-2 STEP3-2
ビジョンを描く

▶ ビジョンを明確な文章にする

55ページで述べたように、新事業には「自分たちはどこを目指すか」という明確なビジョンが不可欠だ。

朝令暮改が当たり前な新事業だからこそ、ともに目指すゴールとして、明確なビジョンを示す必要があるのだ。明確なビジョンがないと、自分達がどこを向いて進んでいるのか、日々の忙しさの中ですぐにわからなくなり、組織はどんどん迷走する。

新事業の検討が3〜4名のうちは、お互い一緒にいる時間も長く、このビジョンを暗黙的に共有できる。しかし、メンバーが10名に近づくと、ビジョンの共有が怪しくなってくる。目指すところが微妙に違うと、お互いの関係がギクシャクしがちになり、下手をするとお互いに足を引っ張り合うような醜い争いが始まる。

早い段階で、明確なビジョンをつくって、メンバー間でしっかり共有しよう。

そのとき、主要メンバーの間で、ビジョンに食い違いがあることがわかったら、「早めに気づいてよかった」と思えばよい。徹底して話し合い、メンバーの間でビジョンを一致させたい。

▶ ビジョンの内容

ビジョンとは日々の活動の指針となるものだ。

ビジョンとは、どんな理念を持って（WHY）、どんな事業領域で（WHWRE）、どんな顧客に対し（WHO）、どんな価値を提供するか（WHAT）、そして自社の事業をいつまでに（WHEN）、どんな規模（HOW）にするかをクリアに語るものだ。

ビジョンとは、夢を語るものであると同時に、ふわふわした夢物語で終わってはいけない。

　また、試行錯誤の結果、当初に掲げたビジョンが実現不可能とわかることもあるだろう。より高いビジョンが見つかるかもしれない。その場合には、ビジョンの変更をメンバーに明確にかつ早めに伝えよう。

▶ ビジョンは思い切りストレッチして考えよう

　ビジョンは現実的な目標である以上、経営陣に対しては高い目標値をコミットすべきではない。しかし、ビジョンとは同時に夢を語るものでもある。自分たちがチームの中で共有するビジョンには、一見すると到達不可能ではと思えるくらいの高い到達点を掲げたほうがよい。

　視座の高い目標を持ち、それを本気で実現しようとすると、新たなアイデアも出てくるし、またその夢の実現に協力しようとする人も出てくるものなのだ。感覚的に言うと、他部門の社員から「期待している」と言われるくらいでは、まだまだストレッチが足りない。「妄想」とか「ホラ吹き」と言う人が出てくるくらいが、ちょうどよいと思う。

　思い切りストレッチしたビジョンを描き、その実現に向け知恵を出していこう。

▶ ビジョンに至るロードマップを描く

　目指すビジョンの実現までにある程度の時間がかかるならば、たとえば半年ごとや1年ごとにどの段階までの到達を目指すのかを示す「**ロードマップ（道程表）**」を描くとよい。

　スピードの早い新事業にとっては、数年先は遠い未来だ。最終的な到着地点であるビジョンを掲げるのと同時に、今、目指している途中の到達目標も掲げたい。航海でたとえれば、最終的にはロンドン到達を目指して出航するが、まずは香港、次はシンガポール、そして、スリランカとケープタウンを経由する、といった途中到達点であり、これを「マイルストーン」という。

このロードマップ上には、売上や利益といった財務的な目標とともに、以下のような顧客、業務、人材といった非財務の視点も記述する。

顧客の視点：開拓する顧客数の目標など。「〇〇年度、最初の顧客ゲット」「〇〇年度、シリコンバレーとバンガロールで事業開拓」などというトピックを掲げる。
業務の視点：ビジョンの実現に向けた社内の業務プロセス構築や技術開発など。「〇〇年度、〇〇技術の製品化」「〇〇年度、販売代理店全国展開」というトピックが該当する。
人材の視点：事業を運営するための人材の確保・育成や実施体制など。人数や組織体制を記述する。

このロードマップを描くと、ビジョンへの到達に向けて、いつまでに何をするか、またどこに再優先で取り組むべきか、全体観がよく見えてくる。
内容は、ツボタ技研の新事業のロードマップ例を参考にしてほしい（**図表05-03**）。

05-03 ロードマップの例（ツボタ技研のケース）

	2016年	2018年	2020年	2025年
財務の視点	売上10億円	売上300億円	売上3000億円	売上1兆円
顧客の視点	米国にてトライアル開始	米国での事業展開開始	米国内での普及	国内、また中国やインドでの普及
業務の視点	治療方法の模索、ビジネスモデル模索	事業拡大とオペレーション構築	オペレーション確立	多国籍オペレーション、国内での医療事業認可
人材の視点	10名程度のチーム	米国子会社設立、100名	米国にて上場、500名？	グローバル・チーム、1000名？

5-3 STEP3-3
事業計画書にまとめる

予算をつくる

▶ 予算が事業化判断の決め手

　事業計画書の目的は、経営陣または投資家に事業検討の継続や追加投資の判断を仰ぐことにある。いくら社会的な意義があろうと、収益が期待できない事業は、会社としては認めることはできないのだ。その判断のために最も重要な情報が「予算」だ。

　ただし、予算に求められる完成度は、プロジェクトの性格により異なる。兼務のメンバーが3か月でつくる計画ならば、顧客と提供価値までしっかり議論されていれば、予算は甘くても許されるかもしれない。しかし、専任のメンバーが半年かけてみっちりかけてつくる事業計画書には、当然ながら予算にもそれなりの完成度が求められる。前提条件やコストの見積もり方法など、内容もきちんと説明できなければいけない。

▶ 予算は最後につくる

　事業化判断のための重要な情報となる予算だが、STEP3-1でビジネスモデルが定まるまでは、予算を計算するための前提条件が定まらない。

　その一方で、収益計算をつくらなければというプレッシャーはある。また、収益計算モデルは、つくり始めるとわりと楽しい。エクセルでいろいろな条件をつけて操作しているうちに、作業にのめり込んでしまいがちだ。しかし、どんなに精緻なモデルをつくってみても、ビジネスモデルや収益構造が定まらない限り、時間のムダでしかない。

　焦る気持ちはわからないでもないが、予算は検討の最後になるまで、手をつけてはいけない。

▶ 予算は「説明用」と割り切る

それなりに完成度が求められる予算だが、事業が予算通りに進むことはない。身もふたもない言い方をすると、どんなに精緻に予算をつくったところで、どうせ当たらない。

しかし、既存事業を中心に見ている本社管理部門の幹部は、どんなに説明しても、このことが本質的に理解できないことが多い。彼らが理解できないことは「所与」と考えたほうがよい。

もちろんウソはいけないが、予算は投資をするための「説明用」と割りきったほうがよい。全体のストーリーと整合性を持たせて予算を説明する必要はあるが、どうせ当たらない細部の数字で議論することは避けたい。

もっとも、「予算は当たらない」といっても、「マネジメントしなくてよい」ということではない。新事業は予算で管理するのが不可能である分、別の方法でマネジメントすべきなのだ。その方法はPART6で説明する。

ちなみに、提出する予算の書式は、会社により異なる。予算期間の長さ（3年か10年か）や細かさ（年度か四半期か）、また売上と利益の数値以外に「NPV」や「IRR」などの財務指標が必要かといったこと、また予算項目の内容や細かさも、自社の標準に合わせればよい。

こうした数値のつくり方や書式は、管理部門のメンバーと相談して進めよう。予算の書式が違うことでつまらない議論を招いてはいけない。

▶ 甘い約束はしてはいけない

予算は、前提条件を変えればいくらでも結果を調整できる。スムーズに事業化の承認を得たいがために、売上を多めに盛り、費用を少なめに見積もった、バラ色の計画を立てる傾向があることは否めない。

しかし、そんな計画を立てても自分のクビを絞めることにしかならない。

とくに、費用を少なめに見積もるのは危険だ。新事業では当初は予見できない費用が発生することがとても多いのだ。売上が不足するなら、まだ言い訳できるが、経費を増やす要請に簡単に応じてくれる会社はない。

費用はむしろ多め、できれば想定の2倍以上に見積もり、それでも十分に利益を期待できるビジネスモデルをつくることが望ましい。

投資と事業中止の基準を明示する

▶ 事業投資判断のタイミング

新事業の展開では、最初から巨額の投資をするのは愚かなことだ。事業展開のマイルストーンごとに成功を確認しながら、徐々に事業のサイズを大きくしていくのが「リーンスタートアップ」の鉄則だ。

そのためには、事業化が承認された後に、どのタイミングでどのくらいの追加投資や人員増が必要なのか、あらかじめ提示しておこう。

▶ 撤退基準も明確にする

また、新事業への投資に許容できるコスト限度額、また事業が軌道に乗るまでのタイムリミットは、あらかじめ決めておこう。

事業の成否が見えるまでには、2年くらいかかることも多い。たとえば、それまでは投資と割り切って、その期日が終了した時点で、あらためて事業化継続の判断をするという方法もよいだろう。

見込みのなくなった事業をダラダラ続けてしまうのは、会社にとってもメンバーにとっても損失でしかない。見切りを付ける必要があるならば、早めに付けたほうがよい。

事業とは、夢を語り追いかけるものであると同時に、厳しいものだ。夢が叶わないとわかったら、そこから醒めなければならない。

しかし、現実の場面では、当初の見通しが甘い場合があまりに多い。「1年以内に黒字転換する」という甘い計画で事業をスタートしてしまい、「いよいよこれから！」という段階で、本社から撤退命令が出てしまうことも少なくない。見通しが甘かったとわかったら、無理な約束をしたり、希望的観測でごまかしたりせずに、早い段階でリミットの見直しを交

渉すべきだ。

▶ 事業リスクを特定する

新事業におけるリスクには、たとえば以下のものがある。

重要なリスクがあれば、その危険性の評価と、発生した場合に取り得る対策も説明しておこう。

1）競合の参入リスク
2）想定価格で売れないリスク
3）想定した数が売れないリスク
4）原価が上昇するリスク
5）必要な技術開発ができないリスク
6）必要な人材が確保できないリスク
7）法規制が変更されるリスク

これらリスクのほとんどは対処可能だ。しかし、なかには発生すると事業ができなくなるという「**致命的リスク（ノックアウト・ファクター）**」があるかもしれない。たとえば、「コアとなる技術開発に失敗した場合」や「キーとなるパートナーと提携できなかった場合」、また「当初予定されていた法規制の変化が流れた場合」などが考えられる。

致命的リスクについては別途明示し、その場合は事業を中止せざるを得ないことを説明すべきだ。

実行担当部門と責任者を決める

ベンチャー企業の場合、作成した事業計画を誰が担当するかは明らかだ。自分達しかいない。

しかし、企業内新事業の場合は、事業計画をつくるチームと実行するチームが違うことも多い。

とくに暫定的なプログラムで検討した新事業の場合、検討メンバーがそ

のまま担当し続けることは現実的ではない。この場合、どの部門が主体となって検討結果を引き取り、実現するのかを考えなければならない。

　新事業の成功には、優れた事業計画とともに、責任者に熱意と責任感があることが絶対条件だ。
　経営陣が気にするのは、「職制上どの部門が担当するのか」ということ以上に、「結局は誰が担当するのか？　その人は本気か？」ということだ。
　新事業を承認するためには、経営陣にとってもリスクを取る必要がある。責任者が本気で取り組まなければ、経営陣はそのリスクを取れない。
　責任者の本気度が問われるのだ。

　できれば、検討を続けたチーム全員が、「自分が新事業を担当したい」という熱意を見せてほしい。ここを遠慮して、「自分が担当するのではありませんから」などと言ってしまうと、どんなに事業計画がよくても、経営陣は事業化判断をためらってしまう。
　仮に自分達がどうしても担当できない場合は、この人なら任せられるという人に託していくしかない。
　もし本気で事業化を進めたいならば、担当事業部門の責任者、もしくは「この人なら」と思う人に説明して内諾を取り、その人にも発表会の場で決意表明をしてもらうべきだ。

事業計画書にまとめる

▶ 事業計画書とはストーリー

　事業計画とは、事業を実現するための、相互の要素が関連した、一連のストーリーだ。それぞれの要素がバラバラに並んだものではない。事業計画書も個別の内容の正確さを詰める以上に、ストーリー全体を納得感のある形で構成しよう。

　事業計画書の標準的な構成は、以下のようになる。これは一般例なので、

ストーリーをよりよく説明するためには、順番は自由に変えてよい。

1）表紙
2）エグゼクティブ・サマリー
3）活動の経緯
4）活動テーマの選定理由〜事業の大義（ミッション）
5）ビジョン
6）市場や業界の現状
5）競合の状況
7）ターゲットに定めたセグメント
8）設定したペルソナと彼らの生活、不満
9）提供価値：彼らにとってのメリット
10）マーケティング計画
11）パートナー
12）必要な技術開発や投資
13）ビジネスモデルマップ・ピクトグラム
14）リスク
15）ロードマップ
16）収益計算
17）決意表明

▶ エグゼクティブ・サマリーが一番大事

　事業計画書の中で、最も大事なのは「**エグゼクティブ・サマリー**」だ。審査員を担当する経営陣は多忙だ。彼らは最初のサマリーを読んで全体の心象を決める。あとの資料は、その心象を確認するための補助資料だと思ってよい。

　このサマリーは、原則1〜2枚の文章だ。図はMVPの説明以外には入れるべきでない。簡潔に全体のロジックとストーリーを通して、かつ事業の意義と自分達の熱意を伝える文書をつくってほしい。

▶ 社内起業は恵まれている

　事業計画書ができたら、あとは発表を待つばかりだ。

　ここに辿り着くまでにあなたは、大変な苦労をしたはずだ。

　しかしそれでも、社内起業はベンチャー企業で起業することに比べれば、圧倒的に恵まれているのだ。

　ベンチャー企業ならば、資金調達の必要がある都度、まったくの部外者である投資家に対して事業計画を説明し、納得してもらう必要がある。融資を求めるならば、きちんと返済するためのストーリーが必要だし、当たり前だが融資を受けたら実際に返済していかなければならない。投資ならば上場などによる株の現金化といったストーリーが必要だし、株価をどう設定して、また経営権をどれだけ渡すかという資本政策についても詰めなければいけない。

　投資家への説明が失敗し、資金調達ができなければ、社員にも給料を払えず、最後は個人負債を抱えて倒産するしか道はなくなる。

　ベンチャー企業の経営者は、どんなに成功した人でも、少なくとも一度や二度は、資金繰りで胃がキリキリ痛む思いや、夜中に悪夢で飛び起きた経験、また、友人を失って孤独になった思いを味わっているはずだ。

　社内起業の場合、資金繰りで眠れない日々を過ごすことはなく、生殺与奪の権限を握る投資家への説明で冷や汗を流すことはない。**いかに事業計画書をつくるのが大変だといっても、社内起業は恵まれているのだ**。このことに感謝しつつ、真剣に事業計画をつくっていこう。

5-4 STEP3-4
事業化を判断する

事業計画の審査

▶ 発表会の進め方

　事業計画の実行を判断する場が、事業計画の発表会だ。

　検討メンバーが発表する事業計画を審査員が聞き、質疑応答をしたうえで事業化を判断するわけだ。

　審査員は、社長または投資意思判断ができる役員を筆頭に、関連する技術部門や事業部門の責任者が指名される。

　ひとつの報告につき、発表時間は15~30分、ほぼ同じ長さの質疑応答が入る。そして、発表会の終了後に、審査員が記入した評価シートを集計して結果を伝える、という流れが標準的だ。

　集計結果の扱いについては、終了後に審査員として統一した見解を出すのか、もしくは事業化や継続検討の判断を出した審査員が引き取って担当するのか、いずれかの方法が取られる。

▶ 事業化判断の３つの結論

　事業化の判断結果は、以下の３つのうちひとつだ。

　１）**事業化決定**：そのままの内容、または一部変更して事業化を決定。新たな組織と予算をつける。
　２）**継続検討**　：事業化の判断まではできないが、新事業として成功の可能性が見込まれるので、もう少し検討を継続する。
　３）**検討中止**　：事業化しても成功が見込めないか可能性が低いので、事業化することなく、継続検討もしない。

事業化の判断には、以下のようなシートを用いる（**図表05-04**）。

シートの最後のポイントで事業化の判断を記述するが、最終判断は各項目の平均値ではなく、総合的な判断の結果とする。たとえば、「検討の詰めは甘いが将来性を感じられる事業計画」といった、平均点は悪いが継続検討させたい案件などもあるはずだ。

05-04 事業化判断シートの例

	評価項目	評価ポイント	評価
STEP2	1．顧客（WHO）	4. 十分理解し、検証している 3. （中間） 2. 特定するが理解は不足・未検証 1. 特定も曖昧	
STEP2	2．提供価値（WHAT）	4. 複数仮説を検証し、確信を持つ 3. 仮説を作成、検証済み 2. 仮説作成するが、未検証 1. 仮説も曖昧	
STEP3	3．競合	4. すでに互角以上の優位性がある 3. 優位性の構築できる可能性が高い 2. 優位性の構築はかなり難しい 1. 優位性の構築は不可能に近い	
STEP3	4．売り方	4. 説得力ある具体的な売り方ができている 3. （中間） 2. 売り方の具体性が乏しく説得力に不足 1. 売り方の提案ができていない	
STEP3	5．収益性・投資・リスク	4. 売上・収益が期待でき、リスクも少ない 3. 売上・収益が期待できるが、リスクは大きい 2. （中間） 1. 売上・収益は期待できない	
STEP3	6．責任者・運営チーム	4. 下記項目3に加え、推進者に熱意がある 3. 社内の人材や社内の経験を、ベースとして十分活用可能 2. （中間） 1. 社内に実行する人材が不足・不在	
《総合評価》 ※総合評点が3以上で、事業化の継続検討 ※総合評点は、平均値ではなく、総合判断		4. 事業化決定 3. 事業化の継続検討 2. 事業性は認められるが見送り 1. そもそも事業性なし	
		コメント (その他提案内容に対する定性的評価など)	

▶ 審査員も新事業にアイデアを出せ

　審査員には、事業化の判断をするとともに、事業化をサポートする役割を持って臨んでいただきたい。

　新事業の事業計画書は、既存事業のように完成度が高いものがつくれるわけではない。既存事業の事業計画書を見慣れた審査員から見れば、粗が目立つのは当たり前だ。しかし、事業計画に本質的な欠陥があるならともかく、そんな欠点を指摘するだけの審査員に存在意義はない。

　事業化の判断は公平に行なうにせよ、参加者を勇気づけ、新事業実現に向けたアドバイスや示唆を与え、またコンタクトすべき人物や部門を紹介してほしい。そのようなサポートをしてこそ、審査員としての価値があるのだ。

発表会を乗り切れ

▶ 最終プレゼンに全身全霊を注げ

　数か月にわたって必死になって検討した事業計画の成否を決めるのが、最後の発表会でのたかだか30分のプレゼンテーション（プレゼン）だ。

　既存事業なら審査員もおおむね内容を知っているので、多少プレゼンが下手でも致命的な結果にはならない。しかし、審査員がはじめて聞く新事業の場合、プレゼンでの発表内容が事業化を判断するためのすべての情報なのだ。

　プレゼンに失敗したら、今までの努力はすべてが灰燼に帰すのだ。挽回の機会はない。私自身も、よくできた事業計画が下手なプレゼンで玉砕する例を何回も見てきた。

　最終プレゼンは、ベストな発表者を指名し、また発表者は万全に準備して、当日は全身全霊をもって臨んでいただきたい。

　発表会直前になったら、資料を手直しするよりも、プレゼンの練習に時間を割いたほうがよい。練習を重ねれば重ねるほど、資料の粗も見えてきて、プレゼンの内容は洗練されてくるし、時間配分もできるようになる。そして何より、発表に自信がついてくる。

プレゼンで伝えるのは、事業内容だけではない。
　発表者の熱意、また事業を担当する方の責任感を伝えるほうが、むしろ重要なのだ。「この事業は素晴らしい」「ぜひとも会社の将来のために着手すべきだ」「社会のために貢献すべきだ」という熱意が人を動かすのだ。
　事業化にはリスクを伴うので審査員も真剣だ。だれも熱意を示さない事業など、どんなに計画が立派でも投資できるわけがない。
　プレゼンが、プレゼンのみが、勝負の場である。万全な準備と熱意を込めて、全身全霊で臨んでいただきたい。

▶ **事業化が否定されても腐らない**

　とはいっても、いくら真摯に検討を重ねても、事業化および継続検討になる案件は半分に満たないだろう。
　大半の案件は、最終発表の場をもって検討が終了するのだ。
　これは仕方がない。新事業の検討とは、そういうものなのだ。
　何も、あなたの能力が低くて事業化が否決されたわけではないのだ。どんなに真剣な検討をしても、そもそも事業化が難しい案件はあるし、そうした案件は無理に事業化すべきではないのだ。
　だから、否決されても、腐ってはいけない。
　既存事業を担当している限りは、こんなチャレンジをする機会は限られる。貴重な学ぶ機会があったことを喜んでほしい。
　人は失敗からこそ最も学ぶものだ。次の新事業の検討機会にも挑戦してほしいし、また検討プログラムの中で学んだことや、得られた新しい人脈も、今の仕事に大いに活用してほしい。

ケーススタディ❸
事業計画の発表・講評
(第9回目・最終報告)

　前回(第6回)の中間報告で発表した企画案は、各社ともに高い評価を得た。その企画案にもとづき、第7回と第8回の2回の検討会で事業計画を練り、今回の第9回で、事業計画書の報告会を迎えた。

　本日の事業計画書の報告会は、各社の経営陣が審査員として参加する張り詰めた雰囲気の場となった。

　そして、すべてのチームの発表後、審査員による審査結果が伝えられた。
結果は、すべてのチームの事業計画について事業化決定となった※。

　ここでは以下、事業計画書の発表のうち、ビジョンとビジネスモデルについて、また事業化判断の決定を受けての発表者の感想を見ていこう。

※実際にはすべてのチームが事業化決定になることはほとんどない。普通は4チームのうちひとつか、せいぜいふたつだ。ここはケースとして理解してほしい。

イントレ

▶描いたビジョン

　イントレ社の新事業のビジョンは、日本の製造業の世界進出をサポートすることです。職人的なノウハウの詰まった日本品質の機械は、現地の技術者にも正しくメンテナンスできるようにしなければなりません。そのためにイントレ社の「電子マニュアル」が役に立ちます。

　電子マニュアルの言語は英語、中国語、スペイン語は標準で、世界各国のマイナー言語まで翻訳の品質保証を付けてサポートします。ですから、「イントレの電子マニュアル」を入れれば、インドや東欧のような多言語地域や、パキスタンやイランといった少数言語の地域など、世界中どこの国でも安心して機械を売ることができるのです。海外進出している日本の製造業は約3万社。そんな彼らを応援します。

そして、弊社の売上も、5年後に12億円を目指します。

▶ ビジネスモデル

開発はすでに初芝電機さんと契約したので、彼らのニーズを汲み取ることで進めます。彼らも、東欧とか南アジアに輸出するとマニュアルの用意が大変で、困っていたそうです。営業も開発が軌道に乗ったら、機械輸出に強い初芝通商さんが全面的に協力してくれるとのことです。

この事業で鍵となるのが翻訳パートナーです。ここは一度話を聞きに行った四谷外語学院さんが、いろいろ協力してくれそうです。将来的には翻訳は機械翻訳とクラウドソーシングを組み合わせてコストを下げて、品質保証だけを四谷外語さんにお願いしようと思います。

収益構造は獲得したお客様の数に比例します。まずは初芝通商さんが自信を持って売ることができる品質の高い製品を仕上げたいと思っています。

イントレのビジネスモデル（仮説）

ビジョン：	日本企業のつくる、工作機械などのメンテナンスが必要な製品の、世界津々浦々までの進出・展開を、サポートする			
事業規模：	大手10社、中堅200社導入で、年間12億円規模			
キーパートナー： ▶ 四谷外語学院（品質保証） ▶ 機械翻訳事業者（翻訳） ▶ クラウドソーシング事業者（翻訳者のマッチング）	キーアクティビティ： ▶ マニュアル制作・翻訳・バージョン管理ソフトの開発・高度化 キーリソース： ▶ ソフトウェア開発力（現有） ▶ マニュアル開発に関するノウハウ蓄積	提供価値： ▶ 複数かつ複雑なバージョンへの対応 ▶ リアルタイムの内容更新 ▶ 現地のマイナー言語への対応	顧客との関係： ▶ 海外で競争に勝つための必須ツールとしての認知 チャネル： ▶ 大手は直販、中小は自社代理店 ▶ ビジネス誌の記事による問い合わせ	顧客セグメント： ▶ 世界各地に進出・輸出を図る国内の製造業（大手から中小まで） ▶ 国内製造業の現地大手代理店
コスト： ▶ ソフト開発費（既存ベースに追加：5億円？） ▶ 翻訳コスト（都度発生するので最小化する） ▶ 管理コスト（当面は5名で、年0.5億円？）			収入： ▶ 契約は、基本契約費用＋言語追加費用＋内容追加・修正費用、で考える ▶ 大手で2000万円、中堅で500万円くらいかな？	

▶ 事業化判断の結果を受けて

事業化判断の決め手は、すでに大手の初芝電機さんから前向きな反応をもらっていることでした。この1年くらいは開発を含めた試用期間ですが、

初芝電機さんで本格採用が決まれば、あとはドンドン行けると思います。まずはこの1年が勝負ですね。島課長と本気で頑張ります！

　この事業、島課長が前向きだったというラッキーはありましたが、いろいろ試行錯誤をしてみて、かすかなチャンスを拾ってきた結果だと思います。ずっと最初の仮説のとおり外国語教育のニーズにこだわっていたら、こんなチャンスは発掘できませんでした。

　日本の産業振興のためにも、これから頑張ります！

ツボタ技研

▶ 描いたビジョン

　ツボタのビジョンは、前回説明した提供価値を少し大きくして「世界から糖尿病を一掃する」にしました。

　糖尿病が社会に与える損害を最小限にしたいと思います。

　顧客は最終的には全世界の糖尿病で苦しむ人達、米国だけで1億人、全世界で2億人、そして全世界の予備軍5億人です。彼らの日常の血糖値管理を行なうことで、ツボタは5年後に1000億円、そして10年後には、自分で言いつつ震えてきますが、年間1兆円の売上を目指します。

▶ ビジネスモデル

　最初のビジネスモデルでは、米国企業での利用を想定します。最終利用者である社員、お金を出す会社の福利厚生部門、医療費を支払う健保組合にあたる保険会社のいずれもが大歓迎してくれるモデルです。

　利用者である社員は、職場で自らの健康管理ができます。福利厚生部門は社員の仕事効率が上がることがメリットです。健康保険組合は、糖尿病による医療保険費が削減されるなら、喜んでお金を支払います。

　このビジネスモデルが成立するかどうかを検討するため、まずは米国「ツボテック社」と地域の数社での実証実験をすることにしました。その

結果がよければ、パートナーとなる健康保険組合は全面的に展開してくれるとの話です。彼らにとっても顧客獲得の大きな道具になりますから、とても期待されています。

実証実験では、データ収集と分析が重要です。健康保険組合の紹介でロサンゼルスのトップの病院と組んで研究することにしました。ビッグデータの分析は、今回のご縁もあってイントレさんにお願いすることにしました。これも異業種交流会でできた「新結合」ですね。

また、測定装置にデータ通信機能を載せるようにし、毎回の分析結果を利用者のスマホに送れるようにしました。またスマートウォッチで運動量を自動計測すれば、最適なインシュリン注射の量やタイミングもわかるそうです。

もちろん、特許を徹底的に固めることも、忘れませんよ。

ツボタ技研のビジネスモデル（仮説）

ビジョン： 世界から糖尿病を一掃する！ 事業規模： 5年後に1000億円、10年後には1兆円事業に育てる！				
キーパートナー： ▶ロサンゼルスの病院（実証実験） ▶イントレ（データ分析） ▶通信事業者（データ収集） ▶EMS事業者（測定器製造）	キーアクティビティ： ▶データ収集と解析 ▶センサー技術の改善・小型化（5年先にはウェアラブル化） キーリソース： ▶センサー技術（特許防衛必須）	提供価値： ▶職場などで随時血糖値を測定し、インシュリン投与の最適タイミングを通知 ▶糖尿病予備群の健康管理 ▶会社にとっては、従業員の健康管理と生産性向上	顧客との関係： ▶従業員を大切にし、生産性を向上するための健康デバイスとして認知 チャネル： ▶健康保険組合から企業への利用促進	顧客セグメント： ▶まずは米国企業や公共団体での利用 ▶将来的には全世界への展開
コスト： ▶測定器製造（原価1万円？） ▶治験データ収集と解析（病院と当面5億円の契約？）				収入： ▶測定器リースと利用契約 ▶基本契約と台数に応じた毎月の課金

▶ 事業化判断の結果を受けて

実は検討段階の途中で、米国「ツボテック社」の社長がデイブからこの話を聞いて、弊社の大坪社長に「すぐ製品化してくれ」とわざわざ電話をしてきたそうです。

秘書室の新張(しんちょう)室長からは、「勝手に動いて、何をしている」とのお叱りを受けましたが、大坪社長からは「新事業を慎重にお伺いを立てるバカがどこにいるか、ドンドン進めろ！」と助けていただきました。いやもう、社長の言葉どおりドンドン進めますよ。

いのべ食品

▶ 描いたビジョン

弊社のビジョンも健康増進です。「親子三世代で健康になる、おいしい洋菓子」をビジョンとします。ツボタさんのようにいきなりグローバル展開というところまでいきませんが、弊社としては大胆な一歩を踏み出すところです。

売上としては、まずは5年後に国内洋菓子市場4000億円の0.5%、20億円を目指します。その後の世界展開もあるかもしれませんが、これはその後のお楽しみです。

▶ ビジネスモデル

杏仁大学との共同研究も進んでいて、製品には自信があります。当初思っていたよりも、ずっと効果のある製品が発表できそうです。課題は何といっても、顧客である一般消費者にリーチするための販売チャネルです。販売チャネルを間違えると、どんなにいいものも売れなくなると、先生にも脅かされたのですが、ちょっと頭を抱えています。

この前の検討会では、とくに印鳥さんから「健康によいオシャレなお菓子なら、香港のスイーツですよ！」と言われました。

先生にも助言されて、先日はじめて香港に行ったのですが、もうその発展ぶりにビックリしました。それに、日本とは違う形で、スイーツが充実していました。本当に「百聞は一見に如かず」です。フルーツや食材が豊富にあって、同行してくれた食品商社の人に、それが何なのか聞きまくりましたよ。今までの自分の不勉強さを痛感して情けなくなりました。

香港や南国のスイーツ屋さんは、まだ日本には進出していないのですね。その商社の方も、どうも今仕込みをしているようで、デパ地下出店したときには話を通してくれると言ってくれました。

そのあたりから始めてみようと思います。

いのべ食品のビジネスモデル(仮説)

ビジョン： 親子三世代で健康になる、おいしい洋菓子				
事業規模： 5年後に20億円を目指す				
キーパートナー： ▶杏仁大学（医学効果試験） ▶食品商社（原材料の調達、ケーキ屋の開拓と情報収集）	キーアクティビティ： ▶「イノベトース」の医学的効果確認と活用領域拡大 ▶「イノベトース」を使ったおいしい食材・食品の開発	提供価値： ▶みんなが喜ぶ新しいおいしさ ▶健康と美容の効果とともに、それを話題にして家族がつながること	顧客との関係： ▶まずは、おいしいお菓子であることをアピール ▶健康と美容の効能は前面に出さない	顧客セグメント： ▶母親、およびその両親と子供の三世代 ▶また、自分のご褒美用としても
	キーリソース： ▶イノベトースの特許（特許防衛必須）		チャネル： ▶洋菓子屋、とくに南国風のデザートを売る会社	
コスト： ▶「イノベトース」原材料（将来は自社栽培？） ▶「イノベトース」の食材への加工原価 ▶消費者や洋菓子業者への宣伝			収入： ▶「イノベトース」の販売	

▶事業化判断の結果を受けて

事業化の判断については、社長から、「事業化は決定するが、まずは大口顧客を1件取ってこい」と言われました。「地元のケーキ屋で満足しているだけじゃダメだ」と。他のみなさんみたいに無条件での賛成とならなかったので、何て嫌味な父親だと最初は思ったのですが、あらためて思うと、みなさんのケースのようにすでにお客がついているわけではありません。それに、「小さくまとまるな」という親心だったのだと思います。

実は、あの発表のあと番頭さんから聞いたのですが、父親は珍しく私のことを褒めていたそうです。普段のように悪くは言っていなかったと（苦笑）。

みなさんの発表にも触発されて考えを深めることができました。私もこれは本当によい商品だと思いますので、新事業は絶対成功させます。

神亀住販

▶ 描いたビジョン

　私達が目指すビジョンは、日本の山林の再生とエネルギー自給です。

　日本には山林という、太陽の恵みからできたエネルギー源があります。それをずっと放置したまま、外国から石油を買って燃やすというようなことはそろそろやめなければいけません。

　講師の先生にご紹介いただいた神山大学の中坊先生のお話だと、日本で毎年増え続ける杉材をもし全量暖房にあてれば、燃やして暖房に使っている分の日本の原油輸入の1割近く、およそ1兆円はいらなくなるそうです。

　林業に戻ってこようとする日本の若者も増えています。そんな若者が安定して暮らせるように、山林の経済を回していかなければなりません。この事業で得られるお金を日本の山林とそこで暮らす住民、そして山に戻ろうとする若者に流していくことが弊社の使命だと考えています。

　目指す事業の規模は、10年後には日本で1000万世帯が薪ストーブやペレットストーブを使うようになること。燃料費が年2万円として、年間2000億円の事業となることを目指します。

▶ ビジネスモデル

　もちろん、これほどのビジネスは神亀住販だけではできません。

　でも、まずは神亀村で実証実験をしてみようと中坊先生はおっしゃいました。それが成功したら林野庁と経産省に働きかけて、林業の村を結ぶ研究会をつくるために中坊先生が走り回ってくれるそうです。

　販売については、神亀住販が住宅展示場に薪ストーブやペレットストーブなどを出して、何件か契約をとったところ、それが評判になって三友不動産からオファーが来ました。どうも、マンション販売の環境が厳しく、リフォームや賃貸物件事業でエコな取り組みをしたいといいます。三友不動産はもともと太陽光設備に積極的なので、本気だと思います。三友不動

産と組むことができれば、神亀村だけでなく神山県の他の自治体と積極的に話を進めて、薪もペレットもたくさん調達しますよ。

神亀住販（研究会）のビジネスモデル（仮説）

ビジョン：	日本の山林の再生とエネルギー自給				
事業規模：	5年後に2000億円を目指す				
キーパートナー： ▶ 神亀村(実証実験) ▶ 林野庁、経産省（研究会設立、法制度整備など） ▶ 他の山林地区の地方自治体 ▶ 林業事業者 ▶ 運送業者 ▶ 薪ストーブ、ペレットストーブのメーカー	キーアクティビティ： ▶ ビジネスモデルの実証実験 ▶ ペレットストーブの改良	提供価値： ▶ 炎を囲んだ、一家団欒 ▶ 日本の山林と自然により近づくライフスタイルの提案 ▶ 暖房費用の削減 ▶ ひいては、山林の再生と原油輸入量の削減	顧客との関係： ▶ 暖房費削減以上に、一家団欒やライフスタイル面の効能をアピール	顧客セグメント： ▶ 比較的高所得な都心の住民（マンションはペレットストーブ、戸建てには薪とペレット両方提案）
	キーリソース： ▶ 研究会に蓄えられる知見と人脈 ▶ 薪ストーブ、ペレットストーブの技術		チャネル： ▶ 三友不動産など、住宅販売・リフォーム業者	
コスト： ▶ ストーブの製造 ▶ ペレットや薪の調達、加工、また運送			収入： ▶ ストーブ自体の販売と、ペレットや薪の継続的な提供		

▶ 事業化判断の結果を受けて

今回は村長さんをはじめ親会社神亀組の社長も聞きに来ていて、すごく緊張しました。ふたりとも発表にはとても感動してくれたそうです。村長さんは、来週の全国自治体の会合でも話してくれるそうです。「さっそく国の予算を取るように研究しろ」と言われました。あと、「海外視察にも行ってこい」と言われました。社長も、「林業を活性化するには、これはやるべきだ」と乗り気でした。

また忙しくなりそうですが、これは村の未来のための仕事です。こんな歳になりますが（笑）、やらないといけません。

＊

この最終報告書のあと、プロジェクト全体の慰労会が催された。今までの検討が報われた結果となって、各チームのメンバーも審査員も、とても明るい表情で語り合っていた。

PART 6
新事業の実行と組織・人材

PART6では、生まれた「問題児」である新事業をどのように実行し、マネジメントし、立派な「スター」に育てていくかについて説明する。また新事業を実行する組織とリーダー人材について説明する。とくに組織については、先進企業の事例を併せて紹介する。

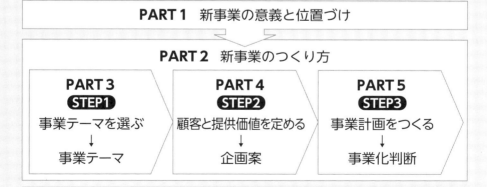

6-1 新事業の実行マネジメント

新事業の仮説検証PDCA

▶ 新事業の実行の基本は「仮説検証のPDCA」

　事業計画の承認は、新事業の最初の一歩だ。新事業という「問題児」が誕生したのは素晴らしいことだが、「問題児」を生むよりも、「問題児」を「スター」にまで育てることのほうが、ずっと時間も手間もかかる。

　この新事業を実行する基本が「**PDCA**」だ。PDCAとは、

```
PLAN    ：仮説や計画をつくる
DO      ：実行する
CHECK   ：仮説を検証し、計画との乖離を確認する
ACTION  ：新たな仮説や対策をつくる
```

の頭文字だ。日々のオペレーション業務でこのPDCAを実践している人も多いはずだ。しかし、新事業のPDCAは、既存事業のPDCAとはひと味違う。

　既存事業のPDCAが主に予算の進捗を追うのに対し、新事業の実行の基本は「仮説検証」だ。新事業のPDCAは、仮説検証の進捗を追うものとなる。この「**仮説検証のPDCAマネジメント**」が、新事業を成功に導くのだ。

▶ 既存事業と新事業のPDCAの違い

　既存事業と新事業のPDCAの違いを、その要素ごとに見ていこう。

　既存事業のPLANは、市場も競合も、自社の強みや弱みもよくわかっているのでつくりやすいし、できたPLANもそこそこ信頼できる。予算を軸にPLANを詳細に検討するのも合理的な行動だ。

しかし新事業のPLANは、そもそも「当たらない」のだ。

そんな新事業のPLANでは、当初はSTEP3-2で作成したビジョンとロードマップを掲げれば十分だ。それ以上の細かいPLANをつくるのはムダな仕事だ。

また、既存事業のCHECKとACTIONとは、毎月の詳細な売上データや不良率データをもとに、営業活動や生産工程のオペレーションをカイゼンすることが中心となる。

それに対して、新事業のCHECKとACTIONとは、仮説が合っていたかどうかを検証し、外れていたら即座に修正するという行動だ。同じPDCAでも、定量的なデータではなく、定性的な状況判断が中心になるのだ。

57ページの図表02-07で示したように、新事業のPDCAとは、ビジョンへの到達を目指し、仮説検証のCHECKとACTIONをクイックに回していく作業なのだ。

組織が目指すべきビジョンは、一度掲げたらそんなに簡単に変えてはいけない。その一方で、その実現に向けた行動は、臨機応変にどんどん軌道修正をかけていくのだ。

仮説検証PDCAのツール

新事業のPDCAマネジメントは、仮説検証の進捗状況を「見える化」することが基本となる。そのための代表的なツールを2つ紹介する。「**イシューリスト**」「**アクションプラン**」だ。

▶ 1）イシューリスト

事業を実行するうえで、どんなイシュー（課題や論点やリスク）があり、それが現在どこまで解決された状況になっているかを、一覧の形で管理するリストだ（**図表06-01**）。事業全体をマネジメントするのに向いている。

最初のイシューリストは、ビジネスモデルの要素から論点を洗い出して

06-01 イシューリストの例

ID	イシュー内容	更新日	終了フラグ	責任者	状況	直近の対応
1	製品開発			小坪		
1.1	センサー開発			阿藤		
1.1.1	赤外線発信受信機	12/22	終了	伊藤		
1.1.2	通信・演算装置	5/24		宇藤	…	
1.1.3	筐体	5/23		江藤	デザイン改良	顧客にヒアリング
1.2	ソフトウェア開発			加藤		
1.2.1	センサーソフトウェア	5/10		紀藤	開発中	イントレ社打合せ
1.2.2	サーバソフトウエア	5/15		工藤	医療知見必要	医者にヒアリング
1.3	ビジネスモデル検討			小坪		
1.3.1	…	…				

つくる。それを、仮説検証の進捗にともなって、新たな論点を追加や分岐していき、項目ごとにその進捗状況を更新していく。

主要メンバーが集まる月に1〜2回の定例会で、このイシューリストに基づき全体レビューを行なうとよい。現在のイシュー全体を共有し、どこを優先して検討や作業を進めるかを合意していくのだ。

検討が進むにつれ、エクセルシートは巨大化していくが、分割すると混乱するので、事業全体で1枚のシートを共有し、非関連部門や終了案件は非表示として管理するとよい。

▶ 2）アクションプラン

イシューリストの検討結果を受け、部門や担当ごとに仮説検証を進めるにあたって、各自が具体的にどんなアクションを取るかをお互い確認するために使う（**図表06－02**）。

既存事業と違って新事業には前例がないので、アクションプランに曖昧な部分があると、何もされないまま放置されがちだ。各メンバーが迷わず行動できるよう、内容は徹底的に具体化すべきだ。メンバーが迷っているときこそ、リーダーが知恵を出して、具体的なアクションを考えていこう。

06-02 アクションプランの例

区分	アクション（徹底的に具体化）	実行者	期日	備考
顧客ニーズ確認	ヒアリング内容の決定 （ヒアリング対象者も確定）	阿藤・伊藤	期限　1/15	
顧客ニーズ確認	業界本著者A氏へのヒアリング （アポ取りと訪問）	宇藤（アポ） 訪問は全員	アポ　1/10 訪問　1/31	「XXX」の著者、XXX氏 メアド：XXXX@XXX
顧客ニーズ確認	業界団体Bへのヒアリング （アポ取りと訪問）	宇藤（アポ） 訪問は全員	アポ　1/10 訪問　1/31	電話番号：XXXX、担当者：事務局XX氏
提案書作成	提案書作成 （ヒアリング結果を反映する）	阿藤・江藤	仮版　1/15 初版　2月上旬	
提案書作成	顧客#1へのヒアリング （団体Bから紹介してもらう）	宇藤 訪問は全員	アポ 2月上旬 訪問 2月中旬	ニーズのヒアリング 値頃感なども確認
提案書作成	顧客#2へのヒアリング （団体Bから紹介してもらう）	宇藤 訪問は全員	アポ 2月上旬 訪問 2月中旬	ニーズのヒアリング 値頃感なども確認
提案書作成	……			
ビジネスモデル検討	市場と収益性の検討	江藤	2月中旬にはFIX	
ビジネスモデル検討	社内推進体制の検討	阿藤	1/15に仮案	3月常務会
ビジネスモデル検討	社内稟議（根回しおよび資料作り必要）	阿藤・江藤	3月常務会	

KPIによるマネジメント

▶ KPIをダイナミックにマネジメントする

　新事業が次第に安定してきたら、仮説検証PDCAと並行して、定量的な項目をPDCAに入れていこう。もっとも、まだ財務的な予算数値を使えるわけではなく、「**KPI**」（Key Performance Indicator）もしくは「**キードライバー**」という指標で事業をマネジメントしていくのだ。

　このKPIとは、たくさんある経営指標のうち、業績に直接結び付く「鍵となる」指標だ。KPIが改善すれば業績が向上し、そうでなければ悪化するといったものだ。
　重要なKPIは、事業ごとにふたつか3つしかない。このKPIだけを改善すべく努力すればよく、他の指標は放置しておけばよい。

また、必要なKPIが事業の状況により変わることがある。その場合は、改善するKPIも、臨機応変に変えなければならない。たとえば、ツボタ技研の「血糖値計」がどのようにKPIをマネジメントしていくか、以下の例で見てみよう。

> 「血糖値計」をテスト的に設置しはじめた当初は、センサーの信頼性が課題となった。出荷時は正常でも、設置後に異常値が出る機械があるのだ。そこで、最初のKPIとして「出荷後の不良品発生率」を管理した。
> 最初は何が原因かわからなかったが、どうやら測定時にコーヒースペースで使う電子レンジの電波を拾うと異常値が出るようだった。ようやく原因を解明したことで、出荷後の不良品発生率というKPIは劇的に改善した。
> 次に問題になったのは製造コストだ。次のKPIは「部材原価と製造時間」とした。これもコストを見える化することにより、部品の集約化や3Dプリンタの活用など、コスト削減のアイデアもどんどん出てきて、製造コストは当初の半額以下になった。

　このように、必要に応じてKPIを変えつつ、PDCAをマネジメントしていくのだ。

▶ KPIと実現期日を経営陣と握る

　新事業の進捗は財務的な予算では管理できない分、重要なKPIの目標や、試作品の完成やパートナーとの契約締結といった重要な実現期日については、経営陣に対し、必要に応じてパートナー企業とともにしっかり説明し、その進捗についても定期的に報告すべきだ。

　すぐに利益が出るわけではない新事業には、他の部門からの批判が必ず出る。しかし、こうしたときに経営陣の承認を得たKPIと期日があれば、新事業が（赤字であろうと）予定通りに進んでいることが説明できる。

また、ときには経営トップの方針がぶれて「新事業の赤字をどうするのだ」とか突然言い始めることも少なくない。そんなときに冷静に再考を促すためにも、合意したKPIと期日は有効だ。
　KPIと実現期日の設定は、新事業を実行する側には大きな負担となる。一般に管理が嫌いなイノベーティブな人材が嫌がることが多いのも事実だ。しかし、そういった目標を設定し、何としてでも実現することが、結果として新事業を守り、成功させることにつながるのだ。

▶「問題児」のカオスから「スター」のシステムへ

　新事業のPDCAを回し、顧客が順調に増えはじめ、売上も順調に伸びてきたら、新事業という「問題児」は、そろそろ「スター」という青年になりかかっている状態だ。

　「問題児」の頃は、毎週事業の状況が変わる「カオス（混沌）」に対して少人数で対処していたかもしれない。
　しかし、「スター」になり、関連する業務や関わる人員が増えると、次第に「システム（仕組み）」として対応する必要が出てくる。

　また、「問題児」の頃にはあまり必要でなかった、「マーケティング」「販売チャネル拡大」「生産設備投資」「品質管理」「顧客サポート」といった機能が必要になってくる。

　「スター」事業も、「問題児」のカオスほどではないが、変化の多い事業だ。安定した既存事業を管理する人材でなく、変化に対応するプロジェクト・マネジメントができる人材が必要だ。
　とはいえ、「スター」事業で求められる人材は、今まで「問題児」を率いてきた、どちらかというと野性的な人材とは少しタイプが異なるかもしれない。
　そのような人材の再配置も含めて、事業は次の段階に移っていくのだ。

6-2 新事業を実行する組織をつくる

新事業を実行する組織の設計

▶ 新事業と既存事業は分離せよ

　事業計画書をつくるまではプログラムで進めてきた新事業の検討も、事業計画の承認後は、通常は固定的な組織が実行を担当することになる。

　新事業の実行組織には、39ページで説明したように、大きく分けて以下の4つの形がある。この節では以下、それぞれの形を紹介する。

> 1) 独立組織とする形
> 2) 本社直轄の部門とする形
> 3) 既存事業部の中に置く形
> 4) バーチャルな組織とする形

　ところで、PART1で説明したように、既存の大人の事業と子供である新事業は、180度違う性質を持つ。

　復習すると既存事業のマネジメントの基本は、現状のオペレーションの維持とそのカイゼンだ。ルールに従いリスクを避け、真面目に働くことが求められる。

　それに対して、新事業のマネジメントの基本は、イノベーションをつくる仮説検証だ。リスクを取ってチャレンジし、また面白さを追求することが求められる。また事業規模も、既存事業に比べてずっと小さいはずだ。

　このように全く違う性格を持つ新事業を、既存事業の組織の下に置いてしまうと、たいていすぐに殺される。小学生を大人の会社で働かせるようなものだ。

　大原則として、新事業は既存事業とは別の部門で育てるべきだ。もし既

存事業の中に置く必要があるならば、新事業分の予算や投資や人材マネジメントは別途管理する必要がある。

▶ 1）新事業を「独立組織」とする形

これには「スピンオフ（分社化）」や「コーポレート・ベンチャー」といったものが相当する。いずれも、会社の直接の管理系統から離れた独立した組織で新事業を運営するものだ。

スピンオフや分社化は、すでにある程度大きくなった新事業部門を切り離す、という語感がある。まだ小さな新事業を切り離すには「カーブアウト」という言葉が使われることもある。

古典的な例では、明治に創業された古河鉱山の電気工事部門のスピンオフが古河電工となり、さらにその電気機械部門のスピンオフが富士電機となり、さらにその電話機部門のスピンオフが富士通となり、それぞれ大企業となっている。現在でも富士通からは、ナレッジマネジメント専業のアクセラテクノロジといった技術系の会社が、多数スピンオフしている。

コーポレート・ベンチャーは、会社が出資した独立会社で新事業を担当する形だ。会社は株主の立場で関与する。社外のベンチャー企業との共同出資となる形も多い。

コーポレート・ベンチャーは、経営の独立性を担保され、かつ元の会社の持つ顧客基盤や技術などの経営資源を使えるメリットがある。

▶ 2）新事業を「本社直轄」とする形

新事業を担当する部門を、既存事業のオペレーションとは離れた、本社直轄の組織とするものだ。

この例として、社長・経営会議・企画部といった経営部門の下に新組織を置く場合もあれば、研究所などの下に置く場合もある。

また、「新事業支援室」とか「ビジネス・インキュベーション室」といった新事業の支援組織の下に置く場合も、この形にあてはまる。この育成

組織については、次の節で詳しく説明する。

▶ 3）新事業を「既存事業部」の中に置く形

既存事業との相乗効果（シナジー）が期待される場合に、このような形とすることが多い。既存事業部の中で新たな組織をつくる場合と、新たな組織をつくらずに兼務などで担当者を置く場合がある。

この場合、先ほど述べた事業部内の文化対立は必ず起きるので、事業部門長はそれをよく認識し、新事業を保護する義務がある。それでも、新事業より既存事業のほうが忙しくなり、新事業の検討が雲散霧消する危険性はとても高い。

▶ 4）新事業を「バーチャルな組織」で運営する形

事業計画が承認されても、本格展開までにさらにフィージビリティ・スタディが必要とされる場合は、固定的な組織をつくらずに、しばらくバーチャルな組織で検討を進める場合も多い。

この場合、たとえば、部門を横断した「クロスファンクショナル・チーム」の組成や、事業部門の中でワークショップスタイルの検討を続けるパターンとなる。メンバーは、基本は兼務の形で新規事業の検討を担当する。

この組織は、最終的に事業化を中断した場合にすぐに解散できるという利点があるが、事業化が本格的する場合は、また他の形の組織に移行する必要がある。

ブートレッキング（スカンクワーク）

▶ 密造酒とスカンク

ブートレッキングとは「密造酒造り」の意味だ。法律で禁じられたお酒を隠れてつくるように、本社などから隠れて新事業を進める、という意味だ。同じ意味で、「スカンクワーク」という言葉がある。これは、姿を現わすとスゴイ臭いを放つスカンクがいつもは臆病で茂みの中に隠れているイメージからついた名前だ。

ブートレッキングもスカンクワークも、あえて新しい組織をつくらず、実現するまで本社の管理部門に見つからないように、隠れて新事業を企画するものだ。

　このような形での進め方は、硬直的な組織ではとくに有効に機能する。というか、組織が硬直的になってしまうと、これしか新事業を進める方法がなくなる。

　現実的にも、現場がブートレッキングで進めるイノベーションの成功確率は高い。「会社に隠れて進める」というリスクを負って、さらに自分自身の時間を削ってでも追求するプロジェクトならば、成功する確率も高くなるのだ。

　ブートレッキングから生まれた事業は少なくない。たとえば米国を代表する２つの大企業である「GE」と「IBM」の例で見てみよう。

▶ GEの例

　28ページで紹介したGEの中国子会社がつくった超音波診断器は、ブートレッキングの典型だ。

　この機器を開発したのは、江蘇省無錫市にある現地の開発部門だった。彼らは中国の市場に合わせて、従来の専用ハードウェア中心の設計から、汎用のPCを使った安価な超音波診断器を開発しようとしていた。しかしGE本社は、この機器が利益率の高い高級機の販売にマイナスになるという理由で、承認しなかったのだ。

　そこで、GEの中国子会社の董事長（社長）は、本社には隠したまま董事長直下に製品開発部隊をつくり、地元の技術者や営業の採用を行なった。本社の指示に背いたものの、董事長の指示の下、GE中国の経営資源を自由に使うことができたので、スピーディに製品を開発し、営業展開することが可能となった。

　このブートレッキングの成果がGE全体の新事業として花開いたことは、説明したとおりだ。

▶ 米国ＩＢＭの例

　アップルが1977年に発明したパーソナル・コンピュータ（PC）を、一般企業が使えるコンピュータとして認知させ、飛躍的に世界に広めたのは、IBMが1981年に製造したIBM-PCだ。

　しかし、IBM本社はIBM-PCの製造を承認しなかったのだ。価格の割に非常に高性能なIBM-PCは、既存事業の利益を侵食する脅威となるからだ。

　しかし、IBMの社員だったドン・エストリッジは、PCの未来を確信していた。そして彼は、本社には「入力用の端末を開発する」という名目で予算を通し、ニューヨーク州の本社から物理的に離れたフロリダ州ボカレイトンで（電子メールのない当時、物理的に離れると監視の目から離れることは容易だった）、わずか12名のメンバーを集め、本社に隠れてたった1年でIBM-PCを開発した。

　ちなみに当時のIBMは自社製造の機器には自社開発の部品を使うルールがあった。IBM-PCはそのルールに反して、インテルの汎用チップを使い、マイクロソフト社が販売するOSを搭載した。これは、ハードウェアやソフトウェアを自前で開発する予算がなかったからだ。

　そしてIBM-PCの発売の結果、コンピュータ産業が一変したことは、ご存知のとおりだ。

　ちなみに、超優良企業であったIBM自身も、この破壊的技術であるPCの登場の結果、1992年に1兆円近くの世界史上最大の赤字を計上し、倒産寸前まで追い込まれた。26ページで紹介した富士フイルムのように、この倒産を直前で回避したのは、外部から社長に招聘されたルイス・ガースナーのリーダーシップの賜物である。

　ちなみに、創造的な会社のお手本とされる「グーグル」や「３Ｍ（スリーエム）」は、このブートレッキングの仕組みを組織の中に取り入れている。この例も後の198ページで紹介する。

6-3 新事業を支援する組織をつくる

アイデアを孵化(ふか)させ育てる

▶ 新たなアイデア卵を孵化させる

　新事業の推進を支援するために、たとえば、「新事業支援室」とか「ビジネス・インキュベーション・オフィス」といった名称の、新たな組織がつくられることがある。

　この「**インキュベーション**」とは、卵をかえし、ヒヨコを育てる、という意味だ。アイデアという卵を、新事業というヒヨコにして、自力で育つニワトリになるまで保護して育てる、というイメージだ。

　この支援組織は、新事業を創造するさまざまなプログラムの事務局となり、事業化決定後のよちよち歩きの新事業を支援する役割を担う。また、出資や買収先となるベンチャー企業の探索や出資交渉、また事業提携や合弁する企業の選定や契約交渉などを担当することも多い。

▶ まずは卵を入れろ

　新事業を巣立たせるには、まずは卵に相当するアイデアとヒヨコに相当する新事業がたくさん必要だ。卵は100〜1000個くらい、ヒヨコは10羽くらいいないと、新事業というニワトリはなかなか巣立たない。

　ところが、新たな支援組織をつくることには熱心だが、卵やヒヨコを揃えることには気が回らない会社も少なくない。3つくらいしかない卵を必死にかえそうと何度も突きまわし、またせっかくかえったヒヨコに、横から頻繁にチョッカイを出して、疲れさせて殺してしまう。

　これでは本末転倒だ。

　インキュベーション組織の役割は、まずは卵というアイデアを見つけ、集めて、そして生まれたての新事業を見守り、外部の刺激から遠ざけるこ

とだ。外の雑音に反応して、卵やヒヨコを突つきまわしてはいけない。

　以下、新事業支援組織の役割を、卵とヒヨコを育てる機能と、卵とヒヨコを外の脅威から守る機能の、ふたつの視点から見ていこう。

新事業を育てる

▶ 外部人材のスキルと経験を積極的に活用しろ

　新事業の育成支援には、起業家視点から事業運営のアドバイスを行ない、また仮説検証のPDCAをマネジメントすることが必要だ。

　しかし、仮に新しい組織を立ち上げたところで、「普通の会社」には新事業をマネジメントするために必要となる経験や知見を持った人材が不足している。そのため、検討は混乱したまま、ムダな作業が続くばかりとなることも多い。また、よかれと思って既存事業の常識でアドバイスをしてしまうと、新事業の支援どころか障害にしかならない。

　新事業を立ち上げるスキルや経験が不足する場合には、積極的に外部人材を活用したい。彼らから検討の全体プロセスの設計や進め方に関するアドバイスを受け、また人材の教育や検討のファシリテーションを期待するのだ。

　彼ら外部人材は、新事業に関する経験の深いコンサルタントを指名し、たとえば月に1〜4回くらいで定期的な進捗レビューとファシリテーションを依頼。一緒に事業計画をつくり上げ、PDCAをマネジメントしていく、というスタイルが一般的だろう。

　そして、彼らから学び、自分達で十分できる自信がついたら、自分達自身で実行すればよい。そのときには、その外部人材にはアドバイザーとして関与してもらうことになる。

▶ 専門的知識の提供

　また個々の検討の局面で、高度に専門的な知見が必要となる場合、たと

えば以下のような、外部の専門家（スペシャリスト）の力を借りるとよい。

技術アドバイザー　：技術的なアドバイスを提供、またSTEP1-2でのアイデア評価の場面で、技術の目利きとして評価。
弁護士・弁理士　　：技術などの知財の保護についてアドバイス提供。
会計士・税理士、また海外展開のアドバイザー
　　　　　　　　　：それぞれスペシャリストとして、必要となるサービスを提供。
投資銀行　　　　　：M&A対象先の探索と事業の将来性の判断、事業買収のスキーム策定。
会計士・税理士　　：財務計画、また統合支援（PMI）といったサービスを提供。
コンサルタント会社
　　　　　　　　　：対象者や目的に応じたプログラム、研修プログラムの設計、人材スキル評価と育成、最新コンテンツの提供、著名講師へのアクセス。またこのような組織の設計。

　このような専門業務を外部に委託するのは、それなりに費用がかかる。しかし、このようなスキルは、社内での育成にこだわらず必要に応じて外部を活用するほうが費用面でも時間面でも結果的に効率的なことが多い。これらのコストは新事業が失敗するコスト、また新事業が立ち上がらない機会損失に比べれば、微々たるものであるはずだ。

▶ 管理業務を引き受ける

　新事業を開拓するのに向いた人材は、突破力は高い一方で、きめ細かな管理能力に欠ける人、また管理業務にまったく興味を示さない人が多い。
　そうした能力と興味に欠如した人材に管理業務を求めても、彼らのエネルギーを削ぐばかりで、新事業の成功確率を下げることにしかならない。彼らの苦手とする、経理、人事労務、総務といった管理業務を引き受ける

ことは、支援組織の大切な役割だ。こうした仕事をしてこその支援組織なのだ。

▶ シーズとアイデアの知見を社内に蓄える

新事業の検討プログラムを実施していくと、社内の技術シーズが棚卸しされてきて、また数多くの事業アイデアも生み出される。

こうした情報や知見、またアイデアの蓄積が、次のアイデアを生むことが多い。また、以前に調べた情報があれば、同じ調査や検討をくり返すことや、同じ失敗をくり返すことなく、効率よく検討を進めることができる。

このように、調査・検討した内容や生まれたアイデアを蓄え、社内で共有することも、支援部門の重要な役割だ。

新事業を守る

▶ 経営陣を教育し味方につける

経営者が創業者、また経営陣が創業の時期を知っている場合は、彼らは新事業とはどのようなものかよくわかっているはずだ。しかし、彼らが既存事業しか担当したことがなく、または管理部門出身である場合は、新事業と既存事業の違いや新事業の難しさを本質的には理解していない可能性は高い。

もちろん彼らも、知識として知ることはできる。しかし、いざというときの判断は、やはり既存事業の「常識」に戻ってしまうのだ。

新事業は成功が保証されていない。もちろん最後は成功させるという義務は果たさなければならないが、その途中では相当苦しい状況になることもあるはずだ。そんな状況でも新事業にコミットし、忍耐強く守ってくれる人がいないと、新事業にはすぐに中止の指示が飛ぶ。

経営陣に新事業にコミットしてもらうためには、知識をインプットしたうえで、検討プロセスにも積極的に関与してもらうのがよい。自分自身が関与し承認した事業計画ならば、無責任に取り潰しもしにくくなる。

全経営陣が味方になることは現実的でないとしても、力のある役員は味方につけ、新事業を守ってもらいたい。その方には、新事業が成功するまでは、かなり辛い局面に立つこともあることを、あらかじめ理解してもらおう。「それでも一緒に戦おう」と納得してくれる、心意気ある役員がいない限り、新事業は途中で瓦解する可能性が非常に高い。

▶ 管理部門の「魔の手」から新事業を守る

　新事業支援組織は、「問題児」である新事業と「大人」の既存事業部門との間、さらに「大人」を管理する本社管理部門の間の調整役（クッション）としても機能する。

　とくに管理部門は仕事柄、「数字による管理が不可能」という新事業の特徴を根本的に理解できない場合が多く、新事業にも既存事業と同じレベルの管理を求めてきがちだ。

　新事業支援組織の最も重要な役割は、この本社管理部門の「魔の手」や、他の事業部門からの「雑音」から大事な新事業を守り、経営者に新たな情報を届けて日々教育することだ。

　「いつ100億円になるのだ」とか、「赤字の事業はけしからん」とか、寝ぼけたことを言ってくる人は、適当にあしらうか、再教育しなければいけない。

　まちがっても、管理部門の手先となって、新事業を率先して管理し、殺す役割だけは担わないようにしてほしい。

6-4 創造的（イノベーティブ）な会社とは？

　PART6でこれまでに説明してきたのは、「普通の会社」が新事業を進めるための組織についてだ。その一方で、世の中には継続的に新事業を生み出し続ける「創造的（イノベーティブ）な会社」も存在する。

　たとえば米国なら、「アップル」「グーグル」「3M」「GE」といった会社が有名だ。日本でも、「ミスミ」「キーエンス」「日東電工」「小林製薬」「ソフトバンク」といった会社が思いあたる。

　こうした会社には「イノベーションを継続的に生み出し新事業をつくり続ける仕組み」がある。以下、これらの会社が持つ仕組みを簡単に見てみよう。

1）製品開発に顧客視点を入れる

▶開発者と顧客の接点を交錯させる

　開発部門と顧客が、遠い存在となっている会社は少なくない。

　開発部門と顧客の間には、営業部門があるのが普通だろうし、さらに代理店が入ることも多い。こうした中間組織は、外からの声を自部門の言葉に翻訳して隣の部門に伝えながら仕事を進める。しかし、このような伝言ゲームをしているうちに、顧客のニーズと開発のゴールがどんどん乖離していくのだ。こうして開発部門は顧客の視線とは無関係に、ひたすらニッチな技術を追い求めることになりがちだ。

　こんな会社が多い中、研究開発部門が顧客との接点を持つだけでも、イノベーションは大きく進化する。彼らが自ら顧客接点を通じ、技術開発や商品企画の最初の段階から、顧客の視線を交えるのだ。

　このような仕組みを機能させている会社として、ミスミとキーエンス、

さらに日東電工の事例を紹介する。

▶ **ケース事例❶** ミスミ

　ミスミは売上高約2000億円、金型や工作機械用の専用工具（治具）を製造する会社だ。治具には個別の工作機械の形や用途に合わせて、材質や細かな寸法が少しずつ異なる膨大な種類がある。ミスミは顧客に治具の一覧が掲載された分厚いカタログを配り、また、自社のウェブサイトに掲載し、顧客から単品からの注文を受けつける。

　同社の事業の基盤には、このように確固としたオペレーションがある。そのうえで、ミスミの事業責任者には、新たな事業を創造することが求められるのだ。

　同社の事業責任者は、小さな顧客グループごとに置かれる「セル」単位で配置される。セルの責任者は、日々顧客と接し、顧客の生の声や顧客の現場にある改善点を発見し、顧客の必要とする治具を探り、新たな商品を開発する。そして、その治具を製造し、またセルで担当する別の顧客に営業するのだ。

　セルの責任者が、この「創って・作って・売る」というすべての機能を持ったセルを動かし、開発とマーケティングの視点を交えながら、新たな顧客の創出というイノベーションを起こすのだ。

　ミスミの例は、超多品種少量生産というオペレーションの基盤を活かしながら、継続的なイノベーションを起こすよい見本だ。

▶ **ケース事例❷** キーエンス

　生産機器用センサーを製造するキーエンスは、売上高約3000億円、50％以上の売上高経常利益率を誇る、日本を代表する超優良企業だ。

　同社が開発するのは、業種や事業規模に関わらずあらゆる生産ラインで使える汎用品であり、特定の顧客のニーズに合わせた特注品は開発しない。しかし、同社は顧客自身が気付いていない課題を探り出してソリューションを提供することで、「世界初・業界初」という新製品を開発し続けている。

キーエンスの特色は、製品でなく「ソリューション」を売ることにある。
　キーエンスは直販体制を取っており、社員の半分以上を占める営業社員は、とにかく顧客の現場に出向き、生産ラインにも入り込み、現場で働く人達の声を聞いて回る。顧客は同社の製品カタログを見ても、どの製品をどう使えばよいのかわからない。そこで同社の社員は現場の顧客と一緒になって考えながら、その場でセンサーの使い方を提案し、また新たな汎用品の開発に結びつけている。
　このような仕組みにより同社は現場のニーズと自社のシーズの新結合を日々生み出し、日本企業でトップクラスの社員待遇（平均給与約1300万円）を実現しているのだ。

▶ **ケース事例❸** 日東電工

　日東電工は、売上高約8000億円。粘着テープなどの包装材料・半導体関連材料・光学フィルムなどを製造する会社だ。「グローバル・ニッチ・トップ」というキャッチフレーズで知っている方も多いだろう。
　同社は、研究開発部門が継続的に新しい技術シーズを生み出し続けている。この段階では、顧客の視点をあまり気にせず、研究者が自分のつくりたいものをつくっているそうだ。そして、そのようにして生まれた技術シーズを顧客につなぎ、新しい市場を開拓する役割を担っているのが「セールスエンジニア」だ。
　技術と市場の両方を理解するセールスエンジニアは、日東電工のイノベーションの肝となる人達だ。また、このセールスエンジニア同士で、顧客情報および技術の活用情報を頻繁に交換することで、新たな提案アイデアをたくさん出していくそうだ。
　このように、同社ではセールスエンジニアが研究者と顧客との「新結合」を日々生み出している。

2）アイデアを出し続ける

▶ **ケース事例❹** 小林製薬

　社員が現在持っているアイデアは、事業公募などで集めることができるが、アイデアを継続的に出してもらうには、それなりの仕組みが必要だ。
　ここでは新製品を続々と出し続ける小林製薬の例を紹介しよう。

　小林製薬は売上高約1200億円、「消臭元」「サワデー」「熱さまシート」といった製品を持ち、そのブランドの中でニッチな用途別に製品の新陳代謝を進める「スクラップ＆ビルド戦略」を取っており、発売後4年以内の製品が売上高の15％を占める。このように新製品を出し続けるためには、数多くのアイデアを継続的に出し続ける仕組みが必要だ。
　同社では、部門ごとに目標数が決められ、社員が必死にアイデアを出し続ける。アイデアの数は、毎年3万6000件、社員ひとりが年に15個のアイデアを出す計算だ。出されたアイデアは製品開発担当、ブランドマネージャ、研究者、技術開発者で構成する「四者会議」で選別し、さらに社長が出席する毎月の「アイデア会議」で審査される。審査を通過したアイデアは、市場調査会社を活用して、事業化の可能性が調査・分析される。
　アイデアを出す社員は、仮にダメ元でアイデアを出すにしても、相当頭をひねる必要がある。このため同社では、社員のモチベーションを維持するよう、不採用となった提案にも必ず選考結果と改善ポイントを伝えているそうだ。

3）究極のビジョンの追求

　新たなアイデアは、ある意味で追い込まれた状況の中で湧き出ることも多い。そのため、一見、実現不可能な理想を追い求めることが、新たなアイデアを引き出す鍵になることもある。
　たとえば、アップルのスティーブ・ジョブズが、製品の細部にまで徹底的にこだわったことは有名だ。普通の人なら見逃すようなところでも、異

常なほどのこだわりを持ち、妥協を許さなかった。

　また、ホンダの創業者・本田宗一郎氏は、ホンダがまだ貧しい日本の中小企業だった1954年に「世界最高峰の英国マン島レースで優勝する」とぶちあげた。常識で考えたら「頭がおかしくなった」と思われそうだが、本田宗一郎氏は本気で、そのビジョンの実現に向けて取り組んだのだ。

　また、達成不可能といわれた米国の排ガス規制についても、米国の巨大自動車会社が法案の廃案に向けて活動する中、技術開発に果敢に挑戦し、1972年に世界ではじめて開発に成功した。

　両社とも、不可能と思えるビジョンを追い求めたからこそ、イノベーションを実現したのだ。

　ちなみに、ホンダは70ページで説明した「ワイガヤ」の文化を持っている。また、独裁者のイメージを持たれるジョブズだが、ジョブズをよく知る方によると、彼は目指すビジョンについては一点も妥協しないそうだが、それを実現するアイデアについては、とてもオープンに受け入れるそうだ。

　まさにジョブズの言葉の通り、**「世界を異なる視点で見る目がひとつの問題に取り組む時にこそ、最高の創造が生まれる」**のだ。

4）組織的ブートレッキング

▶会社公認のブートレッキング

　186ページで触れたように、会社で隠れて仕事を進めるブートレッキングから生まれた新事業は数多い。そのため、業務外の仕事であるブートレッキングを推奨する会社もある。

　有名なのは「3M」と「グーグル」だ。

　3Mは売上高約3兆円の世界最大の化学・電気品メーカーだ。同社では、変化の激しい業界に対応するため、発売5年以内の製品の売上を全体の約3割とする戦略をとっている。

　同社には、執務時間の15％を業務命令以外の「自分のやりたいこと」にあてることを奨励する「15％カルチャー」がある。「ポストイット」など

といった大ヒット商品もこの15%カルチャーから生まれた。

▶ **ケース事例⑤** 米国グーグル

　1998年の創業からすでに売上高6兆円の巨大企業に急成長した「グーグル」にも、業務時間の20%を業務命令以外のプロジェクトに参加するという「20%ルール」がある。「Gメール」「アドセンス」「グーグル・アース」といった主力製品も、この20%ルールから生み出されたものだ。

　少し長くなるが、グーグルがいかにアイデアを生み出していくかを『私たちの働き方とマネジメント』エリック・シュミット著、ジョナサン・ローゼンバーグ著、土方奈美訳（日本経済新聞出版社）から引用しよう。

> 20%ルールで取り組みたいアイデアがある場合、まずは「プロトタイプ」（著者注：MVPに相当するもの）をつくることが推奨される。なぜならば、「それが周囲の人々を夢中にさせる最適な方法だからだ。アイデアを思い付くのは割と簡単で、それより何人かの同僚にプロジェクトに賛同してもらい、自分だけでなく彼らの勤務時間の20%を投じてもらうほうがずっと難しい。そこからダーウィン的な適者生存のプロセスが始まる」

　そして20%ルールの最も重要な成果は、「新しい試みに調整する経験を通じて、社員が学ぶことだ」として次のように述べている。

> 日常業務では使わないスキルを学び、普段は一緒に仕事をしない同僚と協力する。プロジェクトから目を見張るようなイノベーションが生まれることはめったにないが、携わったスマート・クリエイティブは必ず以前より優秀になる。ウルス・ヘルツルがよく言うように、20%ルールほど効果的な社員教育プログラムはないのではないか。

　つまり、20%ルールから画期的なアイデアが出てくることは稀である。しかしそれでも、20%ルールに参加した経験を通してエンジニアは必ず成

長することから、「社員教育プログラム」としては必ず成果が上がるというのである。

この考え方を、ぜひとも見習いたいと思う。

5）新事業への投資

会社を継続的に成長させるためには、「問題児」に継続的に投資を続けることが必要だ。ここでは、新事業に投資することを全社の仕組みとして組み込んでいる会社の例として、米国の「ＧＥ」と「ソフトバンク」を見てみよう。

▶ ケース事例❻ ＧＥ

ＧＥは売上高約16兆円の巨大企業だ。ジェットエンジン、医療機器、鉱山機械、鉄道機器、水処理機器、金融など幅広い産業財を扱っている。

同社は、85ページで紹介した「GEマトリクス」（３×３マトリクス）を使って、自社の事業すべてをポートフォリオ管理している。市場成長があまり期待できない市場では、市場シェアが１位か２位という強い事業のみを残し、それ以外の事業は売却する。その一方で、これからの成長が期待される市場については、積極的に「問題児」をつくり、次世代の「スター」を育てるのだ。

21世紀に入った時点で、GEは成長事業を水処理や再生エネルギーなどの社会インフラ事業、また医療機器事業と定め、関連するベンチャー企業を買収した。現在、この２つの事業はともに同社の成長の大きな原動力となっている。

GEは買収以外にも、既存事業をベースに新事業をつくり出す努力も怠らない。米国ニューヨーク州クロトンビルにある同社の研修所では、事業部幹部が参加する新事業創造プログラムが常に何本も走っている。前社長のジャック・ウェルチも、超多忙であるにもかかわらず、仕事時間の20％を割いて、そして、ウェルチを継いだジェフリー・イメルトは仕事時間の30％を割いて、最優先でクロトンビルでの新事業創造などのプログラムを

直接指導していた。

このような経営陣の新事業創造への強い意志が、一時期低迷していたGEを再び力強い成長軌道に乗せているのだ。

▶ ケース事例❼ ソフトバンク

孫正義氏が1981年に創業したソフトバンクには、ソフトバンク・モバイルやスプリントといったオペレーションを主業務とする子会社と並んで、グループ内に14社以上の持株会社や7社以上のベンチャーキャピタルを持っている。これら持株会社やベンチャーキャピタルが、新事業に投資し育成するインキュベーターとして機能する。

これらの子会社には、それぞれに「企画担当」「法務担当」「財務担当」といったスタッフが配置され、投資先とする企業内技術を選定し、必要ならば買収し、またそこで生まれた新事業を育成する機能を担っている。

ソフトバンクの場合でも、投資に失敗した事業のほうが圧倒的に多い。しかし、ヤフーやアリババといった「当たり」も出たおかげで、同社は企業規模と時価総額を急拡大していった。

このような仕組みのもと、同社は事業の拡大と事業転換を続け、創業30年後の現在では世界第3位の通信企業となり、800社近い子会社を持つ売上9兆円に迫る企業グループに成長したのだ。

6-5 新事業をつくる人材

新事業では全員が「リーダー」

▶「リーダー」と「マネージャ」は対立する概念

「リーダー」と「マネージャ」という言葉は、日常ではほぼ同じ意味で使われる。しかし、経営学の用語としては、このふたつの用語はまったく別物であり、むしろ対立・相反する概念でさえある。

マネージャとは「**管理者**」だ。今あるルールを守り、オペレーションを正確に回し、生産性を継続的にカイゼンし、リスクを極力避けるという「**守り**」の役割を担う。

それに対して、リーダーは「**変革者**」だ。必要ならば今ある組織やルールを壊し、新たにイノベーションを起こす。目指すビジョンを掲げ、そこを目指して組織を率いていく「**変える**」役割を担う。

どんな組織にも、このリーダーとマネージャの両方の役割が必要だ。役割は相反するが、どちらがエライというものではない。

とは言え、既存事業の管理者にはマネージャとしての役割がより強く、また新事業をつくる人にはリーダーとしての役割がより強く求められる。

▶ 新事業のメンバーは全員リーダーたるべき

ほとんどの人は、新入社員のときには既存事業のオペレーションを担当し、次第にマネージャとしての能力をつけていく。その一方で、リーダー的な仕事を求められる機会はとても少ない。

役員にまで昇進しても、マネージャの仕事しか経験せずに、リーダーとしての資質を磨く機会のなかった人も多い。

しかし、新事業を成功させるにはリーダーが必要だ。それも、責任者ひ

とりがリーダーであればよいというものでもない。
　メンバー全員が、ビジョンを共有し実現を目指して頑張るリーダーとして成長しないと、新事業は実現しないのだ。

▶企業内イントレプレナーとして成長する

　19ページで触れたように、新事業とは「謀反」だ。
　組織の保守本流部門からは、イノベーションは起きない。多方面に配慮ができる、そして常識に従って考え、リスクを取らない人格、円満な人物には謀反という思考はなく、新事業は起こせない。

　イノベーションを起こす人とは、常識から一歩外れた人だ。スティーブ・ジョブズに代表されるように、彼らの多くは、ある意味で非常識的な性格の持ち主であることも事実だろう。
　しかし、性格が奇矯でなくても、常識から一歩抜けた発想はできる。
　事実、世の中の多くのイノベーションは、イントレプレナーが担ってきたものなのだ。「普通の会社」に勤めるあなたには、会社にいる組織人として評価されると同時に、新たな事業を起こす「企業内起業家・イントレプレナー」を目指してほしい。
　ぜひ、あなたにイントレプレナーとして、自分自身と会社の未来をつくっていただきたい。

▶新事業を担当することで「一皮むけて」成長する

　新事業の担当部門に、最初から理想のリーダーが集うことはない。最初に集まるのは、よくわからない理想を掲げる変わり者と、なぜか指名されてしまったどこか心許ない人達というのが現実だ。
　しかし、新事業を実現するというビジョンを掲げ、その実現に向けてチームが努力し協力することで、そんな人達が次第にリーダーとして変身していくのだ。
　この過程は、映画やマンガの「冒険ストーリー」に似ている。集まった仲間が共通の敵に立ち向かい、龍を倒すとかお姫様を救い出すとかの共通

のビジョンに向かって行動するのだ。ときにはお互いに不信を募らせることもあるだろうし、去っていくメンバーを見送ったり、新たなメンバーを迎えることもあるだろう。

そして、そんな経験を積むうちに、最初は心許なかったチームが、お互いの個性を発揮し、どんどん力強く成長していくのだ。

人の可能性を伸ばすのは、困難へのチャレンジだ。

新事業の成功という困難に真剣にチャレンジをすることで、仮にそのチャレンジには失敗したとしても、メンバーはリーダーとして「一皮向けて」大きく成長するのだ。

新事業に必要となるリーダー像

▶ 新事業は人材がすべて

新事業には、資産というべきものは何もない。あるのはただ、人だけだ。事業計画もビジョンも、リーダー達の頭の中にあるだけだ。

168ページで述べたように、経営者や投資家が見るのは、担当するリーダー達の熱意と能力だ。リーダーの力が何よりも重要なのだ。

新事業は、ひとりの超人的なリーダーが獅子奮迅して進めるというものではなく、複数の人材が得意分野を分けあって進めることになる。

新事業に必要な人材は、事業企画、顧客開拓、業務開発といった各分野のリーダーだ。さらに技術系の場合は技術開発のリーダーが加わる。

もちろん、事業企画のリーダーと技術開発のリーダーが同じ人物ということも、業務開発のリーダーが業務分野別に2名いるということもよくある。ある程度は重なりつつ、自動的に役割が決まっていくのが自然だろう。

新事業のリーダーについて、分野別にそれぞれ見ていこう。

▶ 事業企画リーダーの役割

事業企画のリーダーは、新事業全体のリーダーといえる。

ビジョンを掲げ、新たな製品やサービスを構想し、ビジネスモデルを考

え、パートナー候補と交渉をしていく中心となる人物だ。

　事業企画のリーダーに求められる資質は、失敗しても前向きな気持ちを持ち続け、環境の変化に前向きに対処し、柔軟に仮説検証を進められることだ。また彼には、自分のビジョンを他人に伝え、異なった考えや背景を持つ人をつなげる役割も期待される。

　本田宗一郎氏、松下幸之助氏、孫正義氏などが、典型的な事業企画リーダーとして思い浮かぶ。

▶顧客開拓リーダーの役割

　顧客開拓リーダーとは、マーケティングを担当するリーダーだといえる。

　新事業の対象となる顧客を探し、対話によりニーズを引き出し、自社の商品を顧客にアピールするものにしていく。そして、顧客候補を見込み客とする役割だ。顧客開拓のリーダーに求められる資質は、顧客の隠れたニーズを引き出す会話力、そして自社でなく顧客の立場に立って考え解決策を探る想像力だ。

　日本企業における人物を挙げるとすれば、ソニー創業者である天才技術者の井深大氏の開発した製品を世界中に広めた盛田昭夫氏が思い当たる。

▶業務開発リーダーの役割

　新事業が軌道に乗ったときのオペレーションを設計する業務開発のリーダーは、比較的マネージャ的な役割を担当するといえる。しかし、彼には決まったオペレーションを管理するという単純な役割以上に、マネージャの視点からオペレーションの仕組みを設計し、カイゼンすることが求められる。

　業務開発のリーダーに求められる資質は、新しくかつ変化の多い業務オペレーションを柔軟に設計する能力と、業務の管理能力だ。

　日本企業の例だと、ホンダで本田宗一郎氏を支えた藤沢武夫氏、またソフトバンクの財務戦略で孫正義氏を支えた北尾吉孝氏などが思い当たる。

▶ 技術開発リーダーの役割

　新事業に求められる高いハードルを乗り越え、製品を実現できる人材だ。技術知識が豊富なだけでなく、それを元に新たな発想をする技術力が不可欠だ。

　また日本企業だと、ソニーを創業した井深大氏、ホンダを創業した本田宗一郎氏自身が、天才的なエンジニアだった。その他の日本企業でも技術系の企業には、伝説の技術者という方が必ずいるはずだ。

リーダーを育てるのは経営者の責務

▶ 人材育成が最大の仕事

　ほとんどの会社では、「金のなる木」、もしくは「負け犬」に陥った既存事業には潤沢な人材が割り振られる一方、新事業を立ち上げられる人材（とその予備群）は著しく枯渇している。

　既存事業の担当者は、毎日忙しく残業しているのかもしれないが、多くの場合、レッドオーシャンの中で消耗戦をしているだけだ。

　人材育成には研修も必要だが、それは入口でしかない。新事業を担う人材を育てるためには、**新事業を育てる経験をするしか方法はない**。経験すれば必ず育つわけでもないが、経験者を増やす努力は必要だ。その中から、新事業に向いた人材を発掘することもできる。

　既存事業に埋もれる人材を、新事業に振り分け、そして成長してもらうこと、新事業をつくり育てることこそが、長期的な会社の成長のために経営者がすべきことだろう。

▶ キャリアパスをつくる

　一般論でいうと、新事業で新たに1億円の売上をつくるよりも、既存事業で1億円の売上を積み増すほうが圧倒的にラクだ。新事業で売上をつくることと既存事業での売上の伸びが同列で評価されてしまうと、バカバカしくて、誰も新事業をしようという気がなくなる。

　また、新事業担当になったら評価されない、また、辞令が出るのはどう

にもパッとしない人ばかり、下手をすると左遷人事、つまり新事業が出世コースの上にない（＝キャリアパス上にない）となったら、そんな会社で新事業を成功させろというのは無理な話だ。

　本気で新事業をつくり伸ばしたいならば、新事業の経験と実績が出世するための条件、というようなキャリアパスを示す必要がある。もし、今の役員がその条件に当てはまらないなら、さっそく経験してもらおう。そのくらいの本気さがないと、目端のきく優秀な人材が新事業を担当したがるわけがないのだ。

▶ 新事業を守るのは経営者の責務

　新事業は、将来の成長可能性は高いが、当面はいくら頑張っても赤字のことがほとんどだ。優秀な人材を投入しても、成功には時間がかかる。そうなると、既存事業からは「あの連中は何を遊んでいる」とか、「俺の事業部から優秀な○○君を引き抜くとは何ごとだ」といった「雑音」が必ず出てくる。そんな雑音が耳に入ると、当人も腐ってしまう。

　リスクを取って、そんな雑音から新事業を守れるのは、経営者しかいない。新事業の成功には、経営者自身が新事業の特徴を理解し、本気で育てる覚悟が必要だ。

　覚悟がない経営者は、既存事業の調子がよくなると、すぐに新事業から既存事業に人を戻すし、逆に悪くなってもすぐに新事業から撤退という話をする。そうなると、真面目に取り組む分だけバカを見る。

　そんな状況では新事業はどのみち成功しない。担当に指名されそうになったら、全力で逃げることをお勧めする。

　自社を持続的に成長させることを本気で覚悟するならば、経営者こそが、本気で新事業を推進する覚悟を持たなければならない。

　そしてあなたも、新事業をやり抜こうという覚悟を決めたなら、失敗の山をくぐり抜け、ぜひやり抜いて新事業を成功させてほしい。

ケーススタディ❹

4社の新事業・5年後の姿

　事業計画の発表会の翌月、小坪課長が米国「ツボテック」に赴任になった。その後、お互いに会うこともなかった彼らだが、先日昇進して帰国した小坪事業部長を囲んで、5年ぶりに再会することとなった。

イントレ・印鳥新事業推進室室長

　久しぶりですね、みなさん！　お、アメリカ帰りの小坪事業部長、体格よくなりましたね。新木さんも引退なさって悠々自適そうですね。社長になった伊野部さんは忙しくて少し遅れてくるみたいです。あ、先生も、お元気そうで。本は書店でよく見かけます。そのたびに、楽しかった検討会のことを思い出しますよ。

　そうそう、イントレの電子マニュアルの事業ですよね。初芝電機さんでのトライアルの1年、大変でしたがなんとか無事に終わりました。やはり使ってみないと、わからないことが多いですね。先生のアドバイスどおり、最初の仕様で製品化しないで、まずは一緒に走ってみてよかったです。おかげで、初芝電機さんの事例もテレビや雑誌でたくさん取り上げられて、順調に売上を伸ばしています。

　今までの英語、中国語、スペイン語以外に、東欧や南アジアの言葉で簡単にマニュアルをつくれるようになったので、初芝電機さんの大型案件の商談がとても有利になったそうです。日本企業が産業用機器で頑張っているのは、イントレの電子マニュアルの存在も大きいのですよ。

　私ですが、電子マニュアルの仕事は外れて、新しくできた新事業推進室の室長になりました。私はこう見えて飽きっぽいから、え、そのままですって？　新しいことをやり続けたほうがいい、って社長の親心だそうです。まあ、私もそのほうが楽しいですし、いろいろな部門と話して、新結合を

Case Study

仕掛けています。

「会社生活楽しそうでいいねぇ」とかよく言われますが、「そんなつまらなそうな顔していないで、人生チャレンジすればいいじゃない？」と思います。会社員っていいですよね。ちょっとくらい失敗したって、死ぬどころか、クビになるわけでもないのですから。もう、どんどんチャレンジしますね！

そうそうご報告です。印照君って覚えていますか？ 小柄で真面目な男の子。去年、彼と結婚しました！ 性格ぜんぜん違うって？ 島課長狙いだと思ったって？ 何を言ってるんですか、異なる者同士が交わることがイノベーションを生むって教わったでしょ！ 人生最大の「新結合」です！（笑） これも先生の検討会に出たおかげです。ほんと、感謝です！

ツボテック・小坪医療事業部長

いや、みなさん本当に久しぶりですね。米国生活で体型変わりましたよ。週に2日、ジムで鍛える超健康生活で、何とこれ全部筋肉ですよ。

デイブ、覚えてますか？ 発表会のビデオで大はしゃぎしていた彼。当時は文字通り糖尿病のデブだったけど、今では筋肉質のマッチョマンです。3年前にできた糖尿病対策事業の新会社の社長になって、「糖尿病一掃プログラム」の先頭にたって、頑張っています。彼の家にもよく行くのですが、そのたびにあのビデオを見せてくれるのですよ。「俺の人生はこの瞬間に変わった」って。うれしいですよね。

先月はずっとデイブと一緒に、「糖尿病一掃プログラム」に参加して糖尿病を克服した人の集いに参加して、全米を一周したのですよ。もう、どこに行っても大歓迎の嵐で、僕もデイブも歓喜の涙ですよ。そこでもね、最初に上映するのがあのビデオです。太って暗かったデイブと、痩せたオタクの私が出てくる。もう、大ウケです。

心配していた中国企業の参入も、逆に正規ライセンスを与えることで、

ツボタにはできない低価格生産を担当してもらっています。もちろん肝心の半導体センサーは自社製造です。これはそんなに真似できませんし、仮に真似されてもデータの蓄積量が全然違います。

事業も1兆円は無理だとわかりましたが、1000億円規模には育ちそうです。

いや、今日もみんなの笑顔を見て、本当にこの新事業をやってよかった、と心から思いました。

いのべ食品・伊野部社長

いや〜、みなさん！　遅れて申し訳ありません。成田への到着が遅れたのですが、何とか間に合いましたか。血色がよくなって顔がツヤツヤしてるって？　そう、ツボタの血糖値計で毎日健康管理していますよ！

そうですね、ちょうど5年前のあの頃は、社長にも番頭さんたちにも頭が上がらず毎日辛かったですね。

あのとき立ち上げた「イノベトース」は、その後いい感じで事業化できました。香港の会社と組んでデパ地下で提供したデザートが、新しい素材を探していた洋菓子大手の富士屋の目にとまって、共同で試作品をつくったのですが、これが口コミで地味にヒットしました。

そして、とうとうコンビニ大手のセブンマートさんに新作シリーズとして採用されたのですよ。「イノベトース」を事業化して3年目にセブンマートさんから自社ブランドの製品に採用したいとの打診がありました。その需要に対応するためには、自前で農園を持って安定供給する必要があります。それで、大手商社さんと組んでインドネシアで実験的に栽培を始めたのですが、今年から農園の規模を拡大して、安定供給できる目処が立ってきました。セブンマートさんの期待も高くて、まずは期間限定ですが、全国デビューする予定です。

最近は中国と米国からも引き合いが多くて、上海とかニューヨークとかを毎月往復しています。やはり海外に行くと刺激を受けますね。昔みたく

国内にこもっていてはいけませんね！

　まだまだ番頭さんの守っている既存事業のほうが大きいのですが、ようやく僕も認められるようになりました。去年、父親から「俺よりもお前のほうが会社を大きく、そして新しい時代に合わせていける」と言われて、目頭が熱くなりました。本当だったら悔しかったかもしれない番頭さんたちにも、「若社長、頑張って俺たちを引っ張ってくれ」と声を掛けられて本当にうれしかったです。

　これも、この検討会に出席したおかげですし、後ろ向きで文句ばかり言っていた私を励まし続けてくれたみなさんと先生のおかげです。

神亀地域山林創生協会・新木顧問

　みなさんは、まだまだ若くて現役で活躍なさっていますが、私はもう去年に引退させてもらって、今は神亀村で静かに暮らしています。

　それでもこの4年間、新しくできた村の山林再生協会の理事長に祭り上げられて、日本各地で話をさせてもらいました。日本の山林再生の伝道師とかいわれちゃって恥ずかしかったですが、村のためにとやってきました。

　実は報告会のすぐ後に、村長さんに行かせてもらったドイツで驚いたことがあります。ドイツの山村は、薪とペレットでエネルギーを自給するどころか、発電して村の外に売っていました。山村も経済的に豊かで高齢者たちも元気でした。実は出張に行くまでは、この歳だしお役御免のご褒美出張かなと思っていました。ですがドイツという「外界の知」に触れて、まだまだ私も頑張らなければいけないと本気になりました。

　今では日本中に山林創生協会がたくさんできて、若い人も増えています。それまで年寄りばかりで死にかけていた山が、どんどん生き返ってきています。まだまだ地方交付金に頼っている山村自治体も多いですが、気づいた村から、どんどん変わってきています。いや、変わらないと「負け犬」となって死ぬよりほかありません。

昨夜、夜行バスの中から外を見ると、薪やペレットを積んだトラックが高速道路をたくさん走っていました。それも日本各地の村から山から。自動運転で走るトラックのテールランプを見ていたら思わず目頭が熱くなりました。自分が始めた仕事で、世界がよりよく変わっていくのを見るのは、本当に幸せなことです。新事業を起こしてよかったと心から思っています。

＊

　ドラッカーは「**人は1年でできることを過大評価する、そして5年でできることを過小評価する**」と言った。

　彼らが石を投じた新事業、最初の1年は誰も気づかないような波でしかなかったが、彼らのビジョンが次第に周囲の人を巻き込み、新たな事業をつくり、社会を動かしていったのだ。

BOOK GUIDE
ブックガイド

　今のあなたの会社で新事業をつくるにあたり、参考となる本を以下に紹介する。難しい学術的な本ではなく、実務的かつ読みやすい本を選んだつもりだ。ちなみに、新事業に関する本の大半は、ベンチャー企業や起業家向けに書かれたものだ。必ずしも全部があなたの会社の新事業にあてはまるわけではないが、学ぶべきところは大いに学ぼう。

新事業をつくるステップに関する本

『リーン・スタートアップ』エリック・リース=著、井口耕二=訳、伊藤穣一=解説（日経BP社）2012年
- 新事業をつくる軸となるリーンスタートアップの考え方を提唱したバイブル的な本。事例はシリコンバレーのソフトウェア企業だが、得られる示唆は多いはずだ。

『3000億円の事業を生み出す「ビジネスプロデュース戦略」』三宅孝之／島崎崇（PHP研究所）2015年
- 国内で大規模な新事業プロジェクトを手掛けてきた著者が描く方法論。大胆な構想力や政策立案への関与など、ぜひ参考にしてほしい。

『新規事業立ち上げの教科書』冨田賢（総合法令出版）2014年
- 新事業の立ち上げについて経営コンサルタントの視点から網羅的、かつ読みやすく解説する。事業計画のポイントを確かめるためにとてもよい。

『ビジネス・クリエーション！』ビル・オーレット=著、月沢李歌子=訳（ダイヤモンド社）2014年

🔖 新事業のつくり方を解説する。事例が米国のソフトウェア企業のみで、かつ全24のステップは多すぎるというのが難点だが内容は面白い。

『アントレプレナーの教科書』スティーブン・G・ブランク=著、渡邊哲／堤孝志=訳（翔泳社）2009年
🔖 新事業をつくる４つのステップを詳細に解説する。かなり分厚く、記述も詳細なので、参考書として使うとよいだろう。

新事業をつくる人と組織に関する本

『起業家のように企業で働く』小杉俊哉（クロスメディア・パブリッシング（インプレス））2013年
🔖 会社の中で新事業をつくっていくとは、まさに「起業家のように企業で働く」ことにほかならない。その哲学やありかたを教える本。

『HARD THINGS』ベン・ホロウィッツ=著、滑川海彦／高橋信夫=訳（日経BP社）2015年
🔖 起業するときに必ず向き合うことになる経営者の苦悩や葛藤、また人事の問題など、生々しい話題に触れるリアリティのある名著。イントレプレナーも参考にすべきことが多い。

『How Google Works』エリック・シュミット／ジョナサン・ローゼンバーグ／アラン・イーグル=著、土方奈美=訳（日本経済新聞出版社）2014年
🔖 グーグルがどのように持続的にイノベーションを生み出しているか、文化や組織運営を含めて説明する本。お勧めです。

『ハイ・コンセプト「新しいこと」を考え出す人の時代』ダニエル・ピンク=著、大前研一=訳（三笠書房）2006年
🔖 21世紀はアイデアこそが価値を生む時代であることを説明する、読みやすい本。

ベンチャー企業や起業に関する本

『大前研一のアタッカーズ・ビジネススクール』大前研一（プレジデント社）
　PartⅢ「起業家スキルと事業アイデア養成講座」1999年
　PartⅤ「アントレプレナー育成講座」2003年
　🖉起業家養成学校アタッカーズ・ビジネススクール代表の大前研一氏が、起業に関してのトピックを網羅的に語るシリーズ。とくにPartⅢとPartⅤがお勧め。

『ゼロ・トゥ・ワン』ピーター・ティール／ブレイク・マスターズ＝著、関美和＝訳（NHK出版）2014年
　🖉文字通り「０から１」、それも巨大な「１」をつくり上げてきた、米国の起業家が書いたベストセラー。彼らの大胆な構想力はぜひ参考にしてほしい。

『新版 シリコンバレー流起業入門』曽我弘／能登左知（同友館）2013年
　🖉起業の際に投資家に対してどのように事業を説明すべきかを教える本。答えるべき質問がとてもよくできている。

イノベーションのことを理解するための本

『先生、イノベーションって何ですか？』伊丹敬之（PHP研究所）2015年
　🖉大学教授と女子学生との対話形式で、イノベーションの基本をわかりやすく説明する本。

『イノベーションのジレンマ』クレイトン・クリステンセン＝著、玉田俊平太＝監修、伊豆原弓＝訳（翔泳社）2001年
　🖉新たに登場する技術が既存企業の事業を破壊する「破壊的技術」という概念を打ち出した、技術系企業のイノベーションに関するバイブル。

『リバース・イノベーション』ビジャイ・ゴビンダラジャン／クリス・トリンブル=著、渡部典子=訳（ダイヤモンド社）2012年
🔖新興国で事業展開するときに必要となる「リバース・イノベーション」について、その事例と活用方法を説明する。

『オープン・イノベーションの教科書』星野達也（ダイヤモンド社）2015年
🔖技術開発の場面において、外部の力を活用してどのようにイノベーションを起こしていくか、その事例と活用方法を説明する。

マーケティングや発想法などのスキルを身につけるための本

『「たった1人」を確実に振り向かせると、100万人に届く。』阪本啓一（日本実業出版社）2012年
🔖「ペルソナの力」とは、まさにこの本のタイトル通りだ。軽くて読みやすい本。

『キャズムVer. 2』ジェフリー・ムーア=著、川又政治=訳（翔泳社）2014年
🔖新技術や新製品が浸透していくメカニズムを解説し、その溝（キャズム）を乗り越える道を示す。事例も新しくなり、お勧めできる本。

『イノベーション・シンキング』ポール・スローン（ディスカヴァー・トゥエンティワン）2007年
🔖新たな発想を生む水平思考の10個の道具を説明するシンプルで手軽、かつわかりやすい本。

『考具』加藤昌治（CCCメディアハウス）2003年
🔖新たなアイデアをつくるための考えるツールを説明する本。シンプルで手軽で、かつわかりやすいロングセラー。

『発想を事業化するイノベーション・ツールキット』デヴィッド・シル

バースタイン／フィリップ・サミュエル／ニール・デカーロ=著、野村恭彦=監修、清川幸美=訳（英治出版）2015年
- アイデアをつくる方法を中心に、いろいろな方法論を網羅的にまとめた本。参考書として有効に使うことができる。

『イノベーション・ファシリテーター』 野村恭彦（プレジデント社）2015年
- 多様な人が集まって新たなアイデアを出す場を、どう設計し運営するかについて説明する。社会課題の解決などに適用できる場面も多い。

おわりに

新事業を志すあなたに

▶「オトナ」ではなく「ガキ」になれ

　既存事業が「大人」の事業なら、新事業は「子供」の事業だ。

　大人の事業なら会議ばかりで新しい行動を起こさない「オトナ」（OTNA：Only Talk, No Action）のほうがカシコイ生き方かもしれない。チャレンジをせずリスクを避けて、毎日を大過なく過ごせる。

　しかし子供の事業である新事業とは、「何もないところに事業をつくる」というワイルドなチャレンジだ。

　あなたの商品を求める人がいるリアルな現場で、新しい事業をつくり出すチャレンジこそが大事なのだ。

　新事業とは、試行錯誤しつつ、タマをどんどん打ち出していく。無茶をする「ガキ」（GAKI：Go And Kick It !）のように、ボールを蹴っ飛ばしながら進めていくのだ。

OTNAではなくGAKIになれ！

OTNA
(Only Talk, No Action)

GAKI
(Go And Kick It !)

あなたにもぜひ、内に子供の魂を秘める新事業をつくる人材になってほしい。

▶ **新事業とはつらいもの**
　新事業は、傍からは華々しい期待の星に見えるかもしれないが、実際に担当してみると、これが結構つらいものだ。
　まず、新事業は赤字が続く。既存の事業から見れば、ムダ飯食いだ。成果はなかなか出ない。他の部門からの視線も冷たい。

　それに、新事業は大きくない。となりの既存事業の売上は百億円単位かもしれないが、自分の事業の売上は百万円単位かもしれない。
　そのうえ、オペレーションがないのでヒマなときは、とことんヒマだ。これは結構めげる。この状況をボヤきたいけれど、本流にいる連中からは「遊んでいる」と思われているので愚痴もこぼせない。
　稼ぎをあげる同期が眩しく見えるし、「俺もとうとう、出世コースから外れたか」という嘆き節が聞こえてくるのが新事業の現場なのだ。

　でも、これでも間違いなく、あなたの事業は将来を背負って立つ可能性を期待されているのだ。
　下を向いて愚痴ばかり言っていても仕方ない、顔を上げて目指すべきビジョンを見据えよう。
　新事業の本質とは、楽しさ、面白さだ。それを思い出そう。

▶ **一番大事なのは「覚悟」**
　新事業とは失敗の連続だ。失敗の末に成功をつかむものなのだ。
　ずっと成果が出ないまま、１年くらいたつことは珍しくない。
　そのとき必要なのは、頑張る「覚悟」だ。
　「覚悟」を決めて、めげずに頑張っていこう。

　新事業に真剣に取り組んだ経験は、既存事業の中では絶対に得られない。

あなたにとって、かけがえのない価値を見出せるだろう。
　会社の中でこんな経験ができることは、それがどんなにつらいものだとしても、幸せなことなのだ。
　覚悟を決めて、チャレンジして、面白さを忘れずに、あなたの新事業を成功させてほしい。

謝辞

　本書は、私自身が担当した数多くの新事業検討プロジェクトの中で得られた知見を、出し惜しみせずお伝えするものだ。

　ケーススタディで紹介した事例も、それらプロジェクトでの議論の中からアイデアを拾った。この意味で、この本は今まで私と一緒にプロジェクトに関わってくださった皆様との共同制作ともいえる。あらためてお礼を申し上げたい。

　ただし、ケースに挙げた事例については、検討当時と現在では事業環境が相当変わったものもある。

　たとえば、検討当時（2013年）は、非採血式での血糖値計測センサーはまだ研究論文の段階にあったが、本書の出版時点（2015年）では、複数の企業がこれを実装した製品を発表している。数年後には広く世の中に普及しているかもしれない。

　このように、新事業に関連する技術や事業環境の変化はとても早い。しかし、それは仕方ない。まさに変化している領域だからこそ、新事業が生まれる余地も大きいのだ。その点はご容赦いただきたい。

　それに、関連する技術や事業環境が変化するのにかかわらず、新事業を検討する基本の考え方やステップの内容は普遍的だ。事例はあくまで事例として、新事業をつくっていくアプローチをしっかりと学んでいただきたい。

　本書で使った「イントレプレナー」という言葉は、キャリア開発論の第一人者・小杉俊哉氏から、またケースで取り上げたペレットストーブについては、九州バイオマスフォーラムの中坊真事務局長に教えていただいた。おふたりにお礼を申し上げたい。

　また、この本の出版については、『戦略思考コンプリートブック』（2003年）、『経営戦略ワークブック』（2010年）、『海外戦略ワークブック』（2014年）に続いて、日本実業出版社編集部に大変お世話になったことをあらためて感謝する。

河瀬　誠（かわせ　まこと）
エムケー・アンド・アソシエイツ代表。
東京大学工学部計数工学科卒。ボストン大学経営大学院理学修士（情報システム専攻）および経営学修士（MBA）修了。
王子製紙にてプラント設計およびシステム設計を担当。A.T.カーニーにて主に金融機関と情報通信企業の新規事業のコンサルティングを担当。ソフトバンク・グループにて新規事業開発を担当。コンサルティング会社ICMGを経て現職。
現在は、主に海外事業展開および新事業創造に関する戦略策定と実行支援に従事。自身でも海外の新事業案件に携わる。
著書に、『戦略思考コンプリートブック』『経営戦略ワークブック』『海外戦略ワークブック』（以上、日本実業出版社）、『戦略思考のすすめ』（講談社現代新書）など。
HP（連絡先）www.mkandassociates.jp/

あなたの会社にイノベーションを起こす
新事業開発スタートブック

2015年8月10日　初版発行
2023年10月1日　第6刷発行

著　者　河瀬　誠　©M.Kawase 2015
発行者　杉本淳一

発行所　株式会社 日本実業出版社　東京都新宿区市谷本村町3-29 〒162-0845
　　　　編集部　☎03-3268-5651
　　　　営業部　☎03-3268-5161　振　替　00170-1-25349
　　　　　　　　　　　　　　　　　　　https://www.njg.co.jp/

印刷／厚徳社　　製本／若林製本

この本の内容についてのお問合せは、書面かFAX（03-3268-0832）にてお願い致します。
落丁・乱丁本は、送料小社負担にて、お取り替え致します。

ISBN 978-4-534-05305-3　Printed in JAPAN

日本実業出版社の本　経営戦略がわかる本！

好評既刊！

河瀬誠 著
定価 本体2000円（税別）

ビジネスパーソンに必要不可欠な「戦略思考」を、頭で理解するだけでなく実際のビジネスの場面で使いこなせるようになる本。最先端ツールを多数収録。

河瀬誠 著
定価 本体2500円（税別）

戦略立案のための3ステップ（①戦略方向性の決定→②ビジョンの設計→③計画の具体化）と、行動に移す方法（アクション）の各段階ですべきことがわかる！

河瀬誠 著
定価 本体2500円（税別）

「土地勘のない市場」「素性のわからない顧客」「得体の知れない競合」を相手に、会社の事業を伸ばすために必要な戦略作りと実行手順がやさしくわかる本。

㈱日本総合研究所 経営戦略研究会 著
定価 本体1500円（税別）

経営（全社・事業）戦略を初めて学ぶ人や、基本をつかみきれていない人に最適な入門書。古典的な経営戦略から新しい戦略まで、経営戦略のすべてを網羅。

定価変更の場合はご了承ください。